Non au Voile Obligatoire

Non à la Religion Obligatoire

Non au Gouvernement Obligatoire

Maryam Radjavi

Non au Voile Obligatoire
Non à la Religion Obligatoire
Non au Gouvernement Obligatoire
Maryam Radjavi

Ce livre est un recueil de discours prononcés par
Maryam Radjavi de 2015 à 2017 à des rassemblements et
conférences pour la Journée internationale des Femmes.

Isbn : 978-2-9554295-7-0
ebook Isbn: 978-2-9554295-8-7

Publié en juillet 2017
par le Conseil national de la Résistance iranienne
15, rue des Gords – 95430 Auvers-sur-Oise - France

Table des matières

La lutte contre la tyrannie religieuse en Iran
Une mission pour toutes les femmes

Discours de Maryam Radjavi à la table ronde en présence de parlementaires, universitaires et militantes du mouvement de l'égalité Tirana, mars 2017

A l'occasion de la Journée internationale des femmes de mars 2017, une conférence a été organisée à Tirana en Albanie sous le titre « les femmes au leadership, l'expérience de la résistance iranienne ». Maryam Radjavi y a évoqué les principaux acquis des femmes de la Résistance iranienne. Ce qui suit est le texte complet de son intervention.

La lutte des femmes iraniennes pour la liberté et l'égalité dure depuis un siècle et demi. Les historiens iraniens et occidentaux qui ont étudié les événements de ces 150 dernières années en Iran, attestent clairement de ce fait.

Durant toute cette période, des femmes d'avant-garde se sont levées malgré la culture en vigueur, les tyrannies politiques et la misogynie. Elles ont fait la démonstration de leur compétence dans divers domaines. Ce phénomène s'est démontré de manière significative à travers leur présence courageuse sur le terrain de la lutte contre la dictature. La lutte des femmes est l'indicateur le plus élevé et le plus complet du progrès d'une société. Comment mesurer l''avancée du développement et les progrès véritables dans une société ? Avec le degré d'efforts déployés en faveur de la liberté et de l'égalité. Sans égalité, tout progrès politique, économique et social s'avère tout d'abord inefficace, passager et réversible.

De ce point de vue, les révoltes qui ont conduit au renversement de la dictature du chah en 1979 ont marqué un bond en avant en Iran avec la participation remarquable et étendue des femmes dans les manifestations de rue. Ce nouveau phénomène montrait l'immense aspiration au progrès de la société iranienne. En même temps cela traduisait une contradiction douloureuse :

D'un côté le pouvoir politique a rapidement adopté une politique régressive et tyrannique causant un terrible retour en arrière. D'un autre côté la société iranienne appelait largement à la liberté et la démocratie et cherchait à réaliser des progrès sociaux et à avancer.

Cette contradiction a immédiatement produit un conflit

déterminant et la barbarie et la sauvagerie du nouveau régime ont plongé la révolution iranienne dans un bain de sang.

Les femmes dans la Résistance iranienne

Dans le face à face avec le régime du guide suprême, la participation active des femmes a été un bouleversement majeur qui a posé les fondements de la résistance.

La participation des femmes dans cette lutte a été étendue dès le départ en termes quantitatif, et extrêmement combattante, efficace et dévouée en termes qualitatifs.

Des dizaines de milliers de femmes ont été torturées et exécutées, Dans la lutte contre ce régime intégriste, en particulier dans les années 1980. Si les femmes n'avaient pas eu de motivation puissante et si elles n'avaient pas espéré en un avenir plein de promesses, elles auraient certainement abandonné face aux tortures et aux tueries d'une rare cruauté dans le monde contemporain. Or cette répression les a rendues encore plus déterminées.

Dans les événements qui ont suivi la révolution iranienne, le rôle des femmes s'est rapidement développé. Elles sont devenues la force axiale du mouvement et de la lutte.

Aujourd'hui, les femmes occupent la plupart des positions clés et directrices du mouvement de la résistance, et forment plus de 50% des membres du parlement en exil de la Résistance.

On peut résumer en quelques points ce que les femmes ont accompli dans la résistance iranienne :

1- Dans ce mouvement, la lutte des femmes pour l'égalité est intrinsèquement liée à la lutte pour la liberté en Iran. Par conséquent, elle vise la tyrannie religieuse et se bat contre ses contraintes, sa misogynie et ses discriminations inhumaines.

2- Elles ont mené une lutte fondamentale contre la conceptualisation des femmes en objet tout en s'opposant à l'idéologie sexiste qui est le principe central de l'inégalité.

3- Ces femmes se sont données pour mission de guider le mouvement tout en découvrant puis en appliquant dans la pratique le fait que l'hégémonie des femmes inscrite dans la persévérance est une force libératrice et un propulseur.

4- Les femmes d'avant-garde ont lié leur lutte aux efforts des hommes résistants et défenseurs de l'égalité dans ce mouvement. Elles ont considéré comme une partie importante de leur responsabilité de soutenir les hommes de ce mouvement dans la lutte contre l'inégalité ainsi que les conceptions et la culture patriarcale.

L'émergence de l'intégrisme islamiste

Les femmes en Iran ont acquis au fil de leur lutte une expérience inestimable. Cette expérience, c'est la lutte contre la dictature religieuse, elle-même source de l'intégrisme islamiste.

Un bref examen de l'histoire des origines de l'intégrisme et de l'essence de sa nature permet d'apporter une meilleure explication.

A la fin du 18e siècle et au début du 19e, une région comprenant la plupart des pays musulmans – allant de l'Afrique du Nord au Caucase, de l'Asie centrale à l'océan indien – a été influencée par de grands bouleversements politiques, sociaux et technologiques dans le monde. Les nations de ces régions se sont lancées dans la lutte pour changer leur destin, la lutte pour la liberté, l'indépendance, la souveraineté populaire et le progrès économique et social.

Pourquoi cette vague a-t-elle balayé les pays musulmans ? Pourquoi une partie limitée, mais au fort résonnement, a-t-elle été conduite vers l'extrémisme ? Pourquoi « le despotisme asiatique » a-t-il émergé sous le couvert de l'intégrisme islamiste pour contrer la montée de l'éveil de l'opinion publique ?

Il semble que la conjugaison de plusieurs facteurs soit à l'origine de cette vague d'éveil social dans les pays musulmans avant d'en pousser une grande partie vers l'extrémisme.

- Des évolutions technologiques et industrielles majeures, couplées à la mondialisation croissante du commerce, de la production et des marchés financiers ont créé une image étrange et inattendue d'un monde nouveau, plongeant dans la stupeur les nations de la région et lançant un processus d'éveil et de propension à chercher un accès aux apports du monde occidental.

- Les populations de ces pays se sont largement développées, comme leurs relations commerciales avec l'occident, particulièrement avec le capitalisme, fragilisant les fondations des anciennes traditions et institutions.

En même temps, la pénétration profonde de l'islam et sa véritable influence sur la culture, l'idéologie, les traditions, les institutions et les lois prévalant sur les relations entre les peuples de cette région, ont naturellement affecté chaque événement dans ces pays.

Dans ce contexte, plusieurs facteurs destructeurs ont préparé le terrain à l'émergence de l'intégrisme islamiste. Certes, l'ignorance et le retard en font partie.

Mais au-delà, il faut évoquer l'ingérence et les erreurs des gouvernements occidentaux dans ces pays avec des conséquences épouvantables, comme l'occupation des territoires, l'exode des peuples et la destruction des structures nationales, qui ont créé un rejet profond des pays occidentaux.

C'est une réalité que nombre de penseurs et de politiciens en occident reconnaissent aujourd'hui. Dans leur soutien aux régimes despotiques, les pays occidentaux ont entrainé la destruction de la classe moyenne, un développement économique et social chaotique et l'élimination des partis nationalistes et des mouvements de libération.

L'influence déterminante du régime iranien

L'arrivée au pouvoir de Khomeiny et de ses acolytes dans des conditions historiques exceptionnelles, est un moment où l'intégrisme islamiste est venu au monde, au sens propre du terme : c'est-à-dire qu'une force effroyablement assoiffée de pouvoir, totalement misogyne et fondée sur la discrimination religieuse imposant ses lois réactionnaires pour instaurer une tyrannie religieuse, a forgé un modèle de gouvernance pour les groupes intégristes.

En fait, les dictatures comme celles de l'ancien régime iranien, étaient si faibles et décomposées qu'elles ne pouvaient résister à une vague de désir de liberté, spécialement face à la force des femmes et des jeunes.

Aussi ce sont les intégristes islamistes qui se sont chargés de la réprimer.

La nature de l'intégrisme

Contre quoi l'intégrisme islamiste s'oppose-t-il dans sa nature ? Est-ce que, comme le disent certains, il y a le camp du monde musulman contre celui de l'occident et principalement un face-à-face de l'islam contre le christianisme et le judaïsme

? La réponse est non !

Est-ce, comme le prétendent les intégristes, une hostilité aux manifestations du monde moderne ? Non sinon l'intégrisme n'utiliserait pas autant internet, les téléphones mobiles et les transactions bancaires, et ne se servirait pas de de toute cette technologie nucléaire ni de ces armes modernes.

En réalité, le cœur du conflit ne se situe pas entre l'islam et le christianisme, ni entre l'islam et l'occident, ni entre les chiites et les sunnites.

Il se situe entre la liberté et la servitude, entre l'égalité et l'oppression doublée d'injustice. L'intégrisme s'oppose principalement au vaste désir de liberté, de démocratie et d'égalité des peuples de la région, notamment des femmes et des jeunes.

En 1965, lors de la création de l'organisation des Moudjahidine du peuple d'Iran, son fondateur Mohammad Hanif-Nejad a dit que la ligne de démarcation ne passait pas entre ceux qui croient en Dieu et ceux qui n'y croient pas, mais entre les oppresseurs et les opprimés. En fait, dès le départ, les Moudjahidine du peuple ont défié les intégristes islamistes et leurs tromperies religieuses.

Trois ans avant que Khomeiny n'arrive au pouvoir, Massoud Radjavi, le dirigeant de la résistance qui était alors dans les prisons de l'ancienne dictature, a affirmé que l'intégrisme religieux était la véritable menace pour le mouvement de libération du peuple iranien. Et c'est cette menace qui s'est dressée rapidement devant toutes les communautés musulmanes.

L'hostilité envers les femmes

A partir de là, on peut comprendre pourquoi l'intégrisme voue plus que tout une haine aux femmes. Parce qu'une vague immense de désir de liberté et d'égalité s'était levée avec en son cœur, l'émancipation des femmes.

La révolution de 1979 en Iran a attiré sur le terrain les femmes en tant que force nouvelle au rôle surprenant.

C'est pourquoi dans les événements qui ont suivi, le rôle des femmes s'est développé à grande vitesse pour devenir l'axe du mouvement et de la lutte : en première ligne de la résistance à la torture, en première ligne de la révolte de 2009, en première ligne des commandantes de l'armée de libération nationale iranienne.

L'intégrisme islamiste, lui aussi, a fait de l'hostilité envers les femmes son axe central et a fait de la répression des femmes le canal général de la répression de la société.

Pourquoi les mollahs à la fin du XXe siècle ont-ils eu besoin de déterrer des lois remontant à des millénaires ?

Pourquoi sous couvert de l'islam se livrent-ils aux crimes les plus inconcevables ?

Parce qu'ils se sont retrouvés face à un désir immense qu'ils ne pouvaient écraser qu'avec une férocité sans nom.

Le régime iranien a jeté les bases de la plupart des crimes et des sauvageries que des individus ou des groupes islamistes ont ensuite copiés en partie ; ou encore qui sont entrés en petit nombre dans les lois de pays musulmans.

La résistance iranienne et les femmes d'avant-garde n'ont pas lancé une lutte contre un régime qui est uniquement l'ennemi du peuple iranien mais contre un régime qui constitue la menace principale de tout le Moyen-Orient.

Nous avons averti il y a plus de trente ans que l'intégrisme est une menace mondiale.

Ces 15 dernières années, cette menace est apparue sous la forme du terrorisme et de la guerre au Moyen-Orient. Aujourd'hui nous voyons que les capitales européennes ne sont plus à l'abri des crimes terroristes.

Le résultat que je voudrais souligner, c'est qu'il est nécessaire pour le monde entier de s'opposer à ce phénomène. Les mollahs en Iran et les intégristes sous leur direction, ne sont pas seulement les ennemis du peuple iranien, mais aussi des peuples de la région et du monde entier. En ce qui concerne les femmes, les intégristes mettent en danger leurs acquis et en font la cible de leurs attaques.

Par conséquent s'opposer à ce régime est un objectif urgent de la lutte des femmes dans le monde entier.

La solidarité des femmes dans le monde nécessite qu'elles apportent leur soutien à la lutte contre ce régime.

Je vous remercie.

les femmes au leadership et une génération d'hommes pour l'égalité et l'émancipation

Discours de Maryam Radjavi à l'occasion de la Journée internationale des femmes Tirana, mars 2017

A la veille de la Journée internationale des femmes en 2017, s'est tenue une grande réunion intitulée « les femmes au leadership politique », en présence de Maryam Radjavi dans la capitale albanaise.

Cette conférence a rassemblé de nombreuses personnalités du monde politique et des militantes du mouvement de l'égalité de divers pays, qui ont exprimé leur soutien à la résistance iranienne, notamment leur solidarité avec ses femmes d'avant-garde. Il y avait notamment Linda Chavez, ancienne directrice des relations publiques de la Maison Blanche et directrice du centre de l'égalité des chances aux Etats-Unis ; Ingrid Betancourt, ancienne otage franco-colombienne des Farc, ; Iveta Radicova, première femme Premier ministre de Slovaquie et ancienne ministre de la Défense et du Travail ; Najima Thay Thay, ancienne secrétaire d'Etat à l'Education nationale du Maroc ; Evelyne Yonnet , sénatrice de la Seine Saint-Denis en France ; Sekai Masikana Holland, ancienne sénatrice et ministre de la Réconciliation et de l'intégration du Zimbabwe ; Julie Girling, eurodéputée britannique ; Stefania Pezzopane, sénatrice italienne ; Concetta Gianllombardo, avocate, vice-présidente de l'association des femmes juristes à Palerme en Italie ; Laurence Fehlmann Rielle, parlementaire fédérale suisse ; Eva Duran Ramos, ex-parlementaire espagnole ; Margarita Duran Vadell, ancienne sénatrice espagnole ; Sevim Arbana, militante du mouvement pour la démocratie en Albanie et fondatrice de l'association « Utile pour les Albanaises », Diana Culi, écrivaine et ancienne députée albanaise, Drita Ayduli, présidente de la Chambre nationale de la Médiation en Albanie.

La présence d'une partie importante des mille femmes de la Résistance iranienne qui ont tenu bon quatorze années durant aux camps d'Achraf et de Liberty était au cœur de toutes les attentions et des interventions à la tribune.

Une partie artistique est venue animer la conférence, ainsi que la projection de nombreux clips sur la situation des femmes en Iran et la lutte de 150 ans qu'elles ont menée pour la liberté.

Maryam Radjavi y a prononcé le discours suivant :

Je suis heureuse que cette année nous célébrions la Journée internationale des femmes en présence d'un groupe des mille femmes d'avant-garde d'Achraf dont la défense, ces dernières années, face aux attaques du régime des mollahs, a constitué une partie des efforts et de la lutte de nos sœurs à travers le monde.

Le transfert hors d'Irak des Moudjahidine du peuple de Liberty, en toute sécurité, collectivement et sous la forme d'une organisation, a infligé une lourde défaite au régime du guide suprême. Comme il l'avait montré par ses bombardements intensifs, ce dernier voulait anéantir la force axiale de son alternative. Mais il a échoué. C'est pourquoi, je tiens à exprimer ma reconnaissance au peuple et au gouvernement d'Albanie pour leur grande initiative qui a permis de faire de l'Albanie un modèle pour la liberté et l'humanité dans le monde aujourd'hui.

Je dois aussi remercier sincèrement les femmes éminentes et de grande valeur dans le monde, dont certaines sont ici aujourd'hui, pour l'aide et le soutien précieux qu'elles ont apportés aux Achrafiennes. La solidarité avec un millier de femmes d'avant-garde d'Achraf ces dernières années a été un des projets les plus brillants et les plus efficaces des femmes et l'un des mouvements les plus glorieux de solidarité dans le monde. Je salue toutes mes chères sœurs qui ont participé à cette campagne de solidarité. Je leur demande d'étendre leurs efforts en soutien à la lutte des femmes iraniennes pour l'instauration de la liberté et de l'égalité.

Le rôle déterminant des femmes en Iran

Aux yeux des peuples du monde, le régime iranien est surtout connu pour son exportation du terrorisme, de la guerre et de l'intégrisme et pour sa quête de la bombe atomique. Par conséquent, deux réalités majeures passent inaperçues :

- En premier lieu, parallèlement à l'exportation du terrorisme et de l'intégrisme dans la région, ce régime y est aussi le premier promoteur de la misogynie. C'est pourquoi il faut voir en lui la menace la plus dangereuse pour les acquis des femmes dans le monde d'aujourd'hui.

- En second lieu, les femmes résistantes d'Iran ont joué et jouent un rôle déterminant dans la lutte contre l'intégrisme au pouvoir. Le fait que les femmes soient les cibles privilégiées de la répression en Iran montre que les mollahs tentent de se défendre face à une menace existentielle.

Le voile obligatoire et les discriminations flagrantes contre les femmes dans tous les domaines d'éducation et de la vie professionnelle visent à enchainer les femmes et à bloquer leur avancée. Sinon les mollahs ne pourraient pas préserver leur pouvoir. Et ce seront ces femmes et la volonté générale du peuple qui les renverseront.

A l'opposé, les femmes ont démontré leur rôle efficace dans la lutte contre la tyrannie religieuse. A titre d'exemple :

- Dans la lutte contre les pasdaran.

- Par une résistance exceptionnelle dans les salles de torture et les prisons du régime.

- En première ligne des manifestations et des révoltes.

- Dans l'organisation des manifestations des enseignants, des ouvriers et des autres couches sociales.

- Dans l'organisation et la direction du mouvement politique et social contre le fascisme religieux

- Et dans les prises de responsabilité actives dans le mouvement organisé de la Résistance iranienne.

Ce que je voudrais dire c'est que pendant des décennies, le

but de la lutte des femmes et le sujet de la Journée internationale des femmes a été l'élimination de l'inégalité et des violences qui leur sont faites. Aujourd'hui, cependant, les femmes ont une mission qui va au-delà, et c'est de sauver le monde de l'intégrisme et du terrorisme.

L'expérience de la Résistance iranienne

A ce propos, permettez-moi de vous parler d'une expérience spécifique au mouvement de la Résistance iranienne.

Dans les années 1990, les femmes sont arrivées à la direction à divers échelons de la Résistance ce qui a entrainé un changement dans l'organisation du travail de notre mouvement. Elles ont emprunté une voie dans laquelle il n'existait aucun exemple à suivre. Aussi ont-elles décidé d'écarter tout ce qui reflétait l'inégalité, tout ce qui ignorait les femmes et qui faisait obstacle à leur participation collective pour instaurer à la place des relations nouvelles.

Elles ont cru en elles-mêmes et en leurs capacités, elles ont réussi à vaincre le monstre de l'incrédulité qui était leur grand obstacle et à se libérer des chaines qui consistent à se concevoir comme une marchandise. Au lieu d'être passives et de fuir les responsabilités, elles ont endossé des responsabilités et ont pris leurs distances avec la peur de l'échec et la faiblesse face aux difficultés. Elles ont fait preuve d'amitié et de sororité dans leurs relations.

Dans les années 2000, pendant l'occupation de l'Irak par les Etats-Unis et ensuite par le régime iranien, la situation est devenue très difficile pour notre mouvement. A la suite de quoi, le pouvoir iranien aidé par le gouvernement irakien à sa solde, a assiégé la cité d'Achraf et lancé une guerre sans pitié pour éliminer les Moudjahidine du peuple. En même temps, profitant de la politique de complaisance des gouvernements occidentaux, la tyrannie religieuse a attaqué de tous les côtés la résistance dans l'espoir de la balayer.

Dans ces conditions extrêmes, le leadership des femmes a été de nouveau mis à l'épreuve. La question principale est de savoir comment elles ont réussi à se débarrasser des habitudes passées, à changer une culture millénaire et à avancer malgré tout ? En réalité, la direction des femmes dans notre mouvement n'a pas consisté à un échange de place des femmes avec les hommes à la direction.

La présence des femmes à divers échelons de la direction et de la gestion a certes été un pas en avant. Mais si ça n'avait pas été accompagné par une révolution fondamentale dans la culture et dans les relations hommes et femmes, et si cela n'avait pas instauré l'égalité et la solidarité, ces acquis auraient été réversibles.

Un nouveau message

Et c'est exactement là où se trouve le message original de notre résistance. Le leadership des femmes ne peut se mettre en place sous la forme d'une institution durable qu'en étant nécessairement accompagné par des hommes convaincus d'égalité et qui acceptent des responsabilités dans ce domaine.

Sans la présence d'hommes chérissant la cause de l'égalité et se battant pour l'instaurer, la direction des femmes ne pourrait véritablement exister. L'expérience du leadership des femmes dans notre mouvement est devenue possible grâce au rôle de pionniers des hommes dans ce monde nouveau.

Aussi je dis à mes frères : le chemin que vous avez parcouru ces trente dernières années est une source d'honneur, non seulement pour nous mais aussi pour notre nation et pour le monde qui a soif d'égalité et de fraternité.

Oui ces hommes libérés ont généré de nouvelles relations de groupe. Ils ont défendu partout avec motivation la cause de l'égalité et ont fait la démonstration du leadership des femmes.

Ils ont créé de nouvelles valeurs fondées sur l'honnêteté et la franchise, le dévouement et en faisant des autres une priorité. Ils ont rejeté la conception marchande des femmes. Et à la lumière de ces relations, ils ont instauré une solidarité encore plus forte entre eux.

La participation égale des femmes et l'émancipation des hommes

Ainsi donc, la participation égale des femmes à la direction n'aurait pu se faire sans l'émancipation des hommes. Comment peut-on imaginer que la moitié d'une communauté se libère des entraves, des contraintes et de l'exploitation tandis que l'autre moitié reste enchainée dans ces ténèbres.

L'expérience de notre mouvement a démontré que l'accès à la direction a donné aux femmes d'une part un nouveau statut de responsabilités et d'égalité, et d'autre part quand les hommes acceptent le leadership des femmes, ils rendent possible un mécanisme libérateur. Le résultat menant à l'égalité et à l'amélioration des relations. A savoir que sous leur influence, les relations fraternelles, les relations entre sœurs et la solidarité ont atteints de nouveaux niveaux.

Cela signifie que les relations des hommes et des femmes se sont libérées de la compétition négative, de la jalousie et de l'étroitesse d'esprit. Dans ces conditions, chaque personne voit dans le progrès des autres, non pas un obstacle pour soi mais une possibilité nouvelle pour sa propre progression. Oui, dans le monde de l'émancipation et de la liberté, l'avancée des femmes et des hommes ne se fait pas l'un contre l'autre, mais sont nécessaires l'un à l'autre et se complètent.

En réalité, les hommes de ce mouvement portent un message de libération pour la société iranienne. Ce message est un appel à tous nos fils, nos frères et nos pères en Iran qui se sont dressés dans la défense de la liberté et de l'égalité. Leur message libérateur est le chainon manquant du monde d'aujourd'hui, à savoir la fraternité.

Ainsi, le leadership des femmes dans le mouvement de la résistance manifeste une révolution qui a créé de nouvelles relations fondées sur l'égalité authentique.

Je tiens à souligner que cette égalité n'est pas renfermée dans l'égalité en matière de droit, de politique ou d'opportunités, mais qu'elle nécessite une amélioration de la solidarité humaine où les femmes prennent leur destin en main et où les hommes qui ont foi dans l'égalité ont développé une personnalité productive, créatrice et active.

Ces nouvelles relations libérées de nombreuses entraves, au sein d'un mouvement assiégé, ont fait naitre une immense force qui a engendré à son tour une persévérance glorieuse.

Par conséquent, vous les Moudjahidines du peuple, face à neuf attaques et massacres et deux prises d'otages, face à 677 jours de torture blanche et huit années de blocus inhumain, vous avez réussi à maintenir en place un bastion de la liberté et de l'égalité durant de longues années.

Sur la scène internationale également, vous avez réussi à sortir l'OMPI des listes noires européennes et américaines, où elle avait été inscrite à la demande du régime, et à remporter plus de 20 procès en justice prouvant la légitimité de cette résistance.

Ainsi donc, le résultat majeur des événements de toutes ces années c'est que l'endurance d'Achraf et de Liberty en tant que bastion de la liberté a été rendue possible grâce à des hommes et des femmes tels que vous. De même, cela a permis l'avancée de la résistance dans tous les domaines, politiques, juridiques et sur la scène internationale. Et c'est l'expérience brillante de ce que peuvent accomplir des relations fondées sur l'égalité. C'est le phénomène d'un millier de femmes d'avant-garde et d'une génération d'hommes partisans d'émancipation et d'égalité.

Ainsi, ceux qui disent que le 21e siècle est le siècle des femmes, disent vrai. Mais il faut rappeler que le leadership des femmes est authentique quand il oriente les relations humaines vers l'égalité authentique des femmes et des hommes et l'engagement d'un grand nombre d'hommes partisans de l'égalité.

Un régime qui s'appuie sur l'inégalité marginalise les femmes. Un régime qui élimine la participation d'une immense partie de la population dans les affaires du pays aboutit à la tyrannie, au totalitarisme, au monopole du pouvoir, à des décisions secrètes, au gaspillage des ressources du pays, à la corruption et à la répression.

La solution à la crise qui assaille le monde aujourd'hui est le leadership des femmes. Là où la démocratie est absente, on ne peut y arriver sans la participation égale des femmes au leadership.

Oser !

En 2011, dans un message aux femmes et aux hommes d'Achraf, Danielle Mitterrand écrivait : « Préparer l'avenir, chers et tendres amis d'Achraf, c'est le prix de votre sacrifice mais ce n'est pas le seul : il faut compter aussi avec l'exemple que vous donnez à tous les opprimés, et le message d'espoir écrit avec votre sang que vous adressez à l'humanité. »[1]

De son côté, la célèbre anthropologue française Françoise Héritier a également évoqué l'an dernier le fruit donné par les femmes à Achraf et Liberty en disant : « si ça marche, c'est un exemple pour le reste de l'humanité. Donc ça veut dire aussi comme message aux femmes : de ne pas obéir, à ce réflexe qui est inculqué dès l'enfance, de dire : « ah ! Mais non, jamais je n'y arriverai, ça c'est du domaine des hommes, non je préfère le leur laisser » etc... Il faut accepter de se lancer hardiment dans l'entreprise. Et c'est cette hardiesse que je recommanderai aux femmes d'aujourd'hui (…) »[2]

---

1. Lire le texte complet du message de Danielle Mitterrand dans l'annexe
2. Lire le texte complet du message de Françoise Héritier dans l'annexe

Oui, tout le problème est là, il faut hardiment se lancer et c'est ce que les femmes d'Achraf ont fait.

Je salue les grandes femmes d'Achraf qui ont sacrifié leur vie dans cette glorieuse persévérance, de Saba à Assieh, de Zohreh à Guiti jusqu'aux dernières, Kolthoum, Pouran et Nayereh, et toutes les autres. Elles ont brandi un drapeau qui avait été brandi avant elles par une longue file de femmes héroïques. Des femmes d'avant-garde comme Achraf Radjavi, Fatemeh Amini, Marzieh Oskouï, et Azam Rouhi-Ahangar, jusqu'à Nosrat Ramezani, Azadeh Tabib, Tahereh Tolou, Mahine Rezaï, Nasrine Parsian et Batoul Rajabi et toute une multitude de femmes combattantes qui ont donné leur vie dans la voie de la liberté du peuple d'Iran.

Le changement avec des femmes d'avant-garde

Nous insistons sur l'égalité des femmes et des hommes et nous estimons que c'est une condition impérative pour renverser la tyrannie religieuse et garantir la démocratie dans l'Iran de demain. L'égalité devant la loi, l'égalité dans la famille, l'égalité des chances en matière économique et la participation active et égale à la direction politique.

Nous nous nous sommes dressés pour la liberté et le

libre-choix des femmes, notamment le droit de choisir leurs vêtements, leur profession et le droit de divorcer.

Le régime en Iran est un facteur de retard et de décadence de la société iranienne et de toute la région.

Il est le facteur principal de la religion obligatoire, la source de divisions entre chiites et sunnites et le partisan de la lapidation et de lois inhumaines sous prétexte d'appliquer les lois de l'islam.

Demandez aux peuples du Moyen-Orient qui est leur ennemi principal qui en veut à leur existence ? Demandez au peuple syrien quel est le régime qui a le plus aidé Bachar Assad dans le massacre d'un demi-million des siens?

Demandez aux femmes syriennes quelle force cruelle a poussé des millions et des millions de femmes sur les routes de l'exode? Quel régime, avec les pasdarans et des mercenaires étrangers a réduit Alep en cendres et a tué tellement d'enfants innocents ?

Nous voyons que les agents et les envoyés des mollahs propagent l'intégrisme jusque dans les Balkans pour y préparer le terrain au terrorisme.

Tous ces malheurs et ces calamités sont engendrés par la tyrannie religieuse en Iran.

Des femmes en Iran brûlant aujourd'hui dans les flammes de la répression, de multiples contraintes, de la misère et des privations, jusqu'aux femmes syriennes et irakiennes happées par l'exode, toutes font face au même ennemi et mènent par conséquent une lutte collective qui est de renverser ce régime.

Le changement en Iran – et aujourd'hui je dirais dans le monde entier – se fera avec les femmes à l'avant-garde.

Et pour finir, je m'adresse à vous, femmes et hommes libres d'Iran : la liberté se gagne à coups de sacrifices et en payant le prix. En osant se révolter contre la répression et l'humiliation. En résistant avec espoir et témérité. Et avec une lutte incessante, en bâtissant un millier d'Achraf et un millier de foyers de rébellion pour aviver la lutte.

Oui, on peut et on doit renverser le régime du Guide suprême, on peut et on doit faire venir la liberté en Iran et instaurer une république fondée sur la liberté et l'égalité. C'est une épreuve et une responsabilité pour chacun et chacune d'entre nous. Alors levons-nous et avançons une nouvelle conception.

Le régime du guide suprême, l'ennemi des femmes

**Discours pour la Journée internationale des Femmes
Conférence : « les femmes unies contre l'intégrisme »
Paris – 27 février 2016**

Le 27 février 2016, à la veille de la Journée internationale des femmes, une grande conférence intitulée « l'engagement pour la parité, les femmes unies contre l'intégrisme », en présence de Maryam Radjavi et de nombreuses personnalités politiques, intellectuelles et des militantes du mouvement de l'égalité de 26 pays s'est tenue à Paris.

Parmi les intervenantes on peut citer Linda Chavez, ancienne *directrice des relations publiques de la Maison Blanche et directrice du centre pour l'égalité des chances aux Etats-Unis, Rama Yade, ancienne secrétaire d'Etat française aux droits de l'Homme, Ingrid Betancourt, ancienne otage franco-colombienne des Farc, Rita Süssmuth, ancienne présidente du Bundestag allemand, Ranjana Kumari, directrice du Centre de Recherches sociales et 5e lauréate du prix Lotus en Inde, Nagham Ghaderi, vice-présidente de la coalition syrienne, Rashida Manjoo et Yakin Ertuk, anciennes rapporteuses spéciales de l'ONU sur les violence faites aux femmes, Christine Ockrent, journaliste et présentatrice française, Béatrice Becerra, eurodéputée espagnole, Stefania Pezzopane, sénatrice italienne, Margarita Duran Vadell, sénatrice espagnole, Fatiha Bakkali, représentante de la délégation de parlementaires marocaines, Najima Thay Thay, secrétaire d'Etat à l'éducation au Maroc, Anissa Boumediene, ancienne Première dame d'Algérie, juriste et islamologue, Azza Heikal, écrivain égyptienne et professeur à l'université académique arabe, affiliée à la Ligue arabe et membre de la direction du conseil des femmes des tribus arabes ; Majedeh Novaishi, vice-présidente égyptienne de la coalition des femmes parlementaires arabes ; Drita Avdyli, ancienne secrétaire d'Etat et actuelle présidente de chambre nationale de médiation ; Diana Culi, écrivain, journaliste et femme politique ; Sevim Arbana, fondatrice de l'organisation « utile pour les femmes d'Albanie » ; une délégation de juristes, dont Fatoumata Dembélé Diarra (Mali), Kristy Brimelo et Sara Chandler (Grande-Bretagne), présidente de la commission des droits humains de la fédération des barreaux européens ; Maria Candida Almeida, vice-procureur générale de la cour suprême (Portugal) ; Zinat Mir Hashemi, membre du Conseil national de la Résistance iranienne et du Comité central de l'organisation des Fedayines du peuple d'Iran, ; Safoura Sadidi, membre du Conseil central de l'OMPI, et plusieurs présidentes d'associations de femmes et de communautés de jeunes soutenant la Résistance iranienne.*

Maryam Radjavi y a prononcé le discours suivant :

Le 8 mars est dédié aux femmes qui ont lutté et luttent pour l'égalité et la liberté, des femmes qui se dressent pour des lendemains glorieux et un monde meilleur, et pour qui la résignation, le désespoir et l'impuissance n'ont pas de sens. Aujourd'hui, les femmes courageuses dans les prisons politiques en Iran et les mères intrépides qui se sont maintes fois insurgées devant la prison d'Evine à Téhéran, sont avec nous.

Nous saluons également les femmes d'avant-garde iraniennes qui se sont insurgées contre deux dictature.

Saluons aussi les femmes opprimées de Syrie qui malgré toutes les douleurs et les souffrances sous les bombardements, sous les attaques criminels de Daech ou dans l'exode et en exil, restent toujours debout. Jusqu'à présent plus de 400.000 Syriens ont été tués, avec parmi eux des groupes innombrables de femmes et d'enfants.

Mais pourquoi leurs douleurs et leur tristesse doivent-elles durer ? Et pourquoi face aux bombardements sauvages de la Russie et surtout aux crimes du régime iranien dans ce pays, le monde garde-t-il le silence ?

Pour les défenseurs de la cause de l'égalité, quel devoir plus urgent que la solidarité avec les millions de femmes prises dans le brasier de la Syrie ? Pour nos sœurs de tous les pays, quel combat plus important que de lutter contre la source de la guerre et du bain de sang au Moyen-Orient, à savoir le régime du guide suprême au pouvoir en Iran ?

C'est pourquoi je vous appelle ainsi que l'ensemble des militantes et militants du mouvement pour l'égalité dans le monde, à voler au secours des femmes qui souffrent en Syrie, en Irak et au Yémen.

La misogynie inscrite dans les lois et la charia des mollahs

L'intégrisme islamiste est un cancer qui prolifère et menace tout le monde. De telle manière que de la Méditerranée jusqu'aux rives de l'Atlantique, partout, l'extrémisme sous le couvert de l'islam a émergé, comme Daech, et prend les femmes pour cibles principales. Par conséquent, il est nécessaire de connaitre la source et le foyer central de ce terrible fléau, de trouver la solution qui le déracinera et de débattre du rôle des femmes dans cette lutte.

C'est pourquoi aujourd'hui, je voudrais aborder un sujet dont le monde a peu entendu parler. Il s'agit de l'oppression des femmes par le régime iranien et la résistance qu'elles lui opposent.

En Iran depuis plus de trente ans, un régime intégriste est au pouvoir avec pour caractéristique majeure son hostilité envers les femmes. De telle manière que ces trente, quarante dernières années, nulle part ailleurs qu'en Iran autant de femmes ont été exécutées, torturées ou harcelées dans les prisons.

Permettez-moi avant toute chose d'aborder les lois du régime et les fondements de sa charia réactionnaire. La Constitution des mollahs, dans son article 167, stipule que « le juge a le devoir de trouver le jugement relatif à chaque litige dans les lois codifiées, et s'il n'en trouve pas, de rendre un jugement de l'affaire en s'appuyant sur des sources valides islamiques ou des décrets, des fatwas, valides. »

Cet article donne toute liberté d'action aux juges de s'appuyer sur des fatwas religieuses pour prononcer des jugements. Mais ces fatwas pour le régime des mollahs, ne sont autres que le livre de décrets religieux de Khomeiny qui se nomme Tahrir ol-Vassileh[1] . Une grande partie de ce recueil traite des moyens et des méthodes de la domination patriarcale, de l'inégalité imposée aux femmes, du droit à la polygamie et va même jusqu'à légitimer le traitement inhumain des femmes et des filles.

Dans ce livre, Khomeiny justifie dans plusieurs ordonnances l'esclavage des femmes dans la charia des mollahs au 20e siècle. De même dans des dizaines d'autres ordonnances, il donne le droit aux hommes de prendre un nombre illimités de femmes provisoires. Encore au 20ème siècle, il donne aux partisans des mollahs le droit de prendre des femmes comme butin de guerre.

Dans son livre Khomeiny souligne que « certains droits des gens sont tels qu'ils ne peuvent être prouvés que par le témoignage d'un homme, mais le témoignage de deux femmes ne peut pas remplacer celui d'un homme.».

Ailleurs, il écrit : « le témoignage d'une femme en soi n'est pas acceptable. Même les témoignages d'un homme et de six femmes ne sont pas acceptables (...) Même les témoignages de huit femmes ne sont pas acceptables. »

Dans ce livre, Khomeiny justifie l'exploitation sexuelle des fillettes de moins de 9 ans et même des tout-petits. Il délivre

---

1. Résumé des idées réactionnaires de Khomeiny dans son livre "Tahrir ol-vassileh", dans l'annexe

aussi toute une série d'ordonnances sur le mariage des filles mineures. Et dans d'autres ordonnances, il réduit le mariage des femmes à un contrat commercial, insultant leur dignité.

On peut se faire une idée claire de l'usage de la violence et du viol contre les femmes dans le rapport sur l'Iran de Mme Yakin Ertük, rapporteuse spéciale de l'ONU sur les violences faites aux femmes, publié en 2005 et qui montre le fruit de cette charia obscurantiste. De même, l'usage à grande échelle de la drogue et la misère qui dévore femmes résultent aussi de cette même charia si corrompue. C'est pour pourquoi nous disons que le régime du guide suprême est l'ennemi des femmes.

De plus ces trois dernières décennies, Khomeiny et ses mollahs ont cultivé cette idéologie dans l'esprit des groupes extrémistes des autres pays et ont généré beaucoup de ces groupes en distribuant des aides matérielles.

Ce phénomène, surtout ces deux dernières années s'est propagé de manière offensive dans tout le Moyen-Orient et en Afrique. Il apparait sous des formes diverses : de Daech au Taliban jusqu'à Boko Haram et les milices du régime iranien en Irak, au Yémen et au Liban.

Regardez comment Daech traite les femmes sous prétexte de décrets islamiques. Regardez surtout comment il réduit en esclavage les femmes et les filles Yézidis en Irak. Ce sont exactement les ordonnances que je viens de vous citer en exemple dans le livre de Khomeiny.

Mais tous ces groupes, qu'ils soient chiites ou sunnites, croient dans plusieurs éléments fondamentaux communs qui sont :

- imposer la religion de force
- appliquer les décrets de la charia des mollahs
- Rejeter les frontières, se livrer à des massacres et au

terrorisme.

- Etre hostiles à l'Occident

- Eliminer les opposants sous prétexte d'excommunication

- Surtout opprimer les femmes

- et instaurer un pouvoir tyrannique sous le nom de califat, d' « Etat islamique » ou de régime du guide suprême

Dans son livre intitulé « Etat islamique », Khomeiny définit officiellement le régime qu'il entend créer, de « califat ». Mais, il s'agit en fait d'une injustice absolue, sanguinaire et hostile aux femmes que les mollahs au pouvoir en Iran jusqu'aux groupes comme Daech font passer pour de l'islam.

Or, tout ce qui est contrainte et obligation et tout ce qui rejette le vote et le libre choix populaire, non seulement ce n'est pas l'islam mais c'est contraire à l'islam. Et tout ce qui nie l'égalité des droits des femmes, n'a pas sa place dans l'islam. Face à l'extrémisme, l'obscurantisme et l'instrumentalisation de la religion, nous défendons l'islam démocratique.

Nous voulons avec ce mot émancipateur d'égalité et en

particulier de participation active et égale des femmes à la direction politique, faire de ce siècle, le siècle des femmes, une ère de libération des femmes et de l'Humanité.

Un régime de violences faites aux femmes

Le régime du guide suprême est l'ennemi des femmes parce que son pouvoir est fait de violences et de répressions constantes contre les femmes.

En plus de 74 formes de tortures dans les prisons politiques, sur la base d'une fatwa ignoble, ce régime a fait violer un grand nombre de jeunes filles avant de les exécuter. Le viol des jeunes détenus, femmes et hommes, a pris de nouvelles dimensions lors de la révolte de 2009. Ce régime a également exécuté des milliers de femmes en raison de leurs activités politiques et de leur lutte.

Ici je ne peux m'empêcher de penser à Fatemeh Mesbah qui n'avait que 13 ans le jour de son exécution, Mojgan Jamchidi qui avait 14 ans et Nouchine Emami qui en avait 16 quand on les a fusillées.

En ce moment, me revient le souvenir des femmes qui sont mortes sous la torture et de celles qui ont été fusillées enceintes. Il ne s'agit ni d'une dizaine, ni d'une centaine, ni d'un millier, mais de plusieurs milliers de femmes qui ont été fusillées, pendues ou sont mortes sous la torture. Des milliers de cœurs qui battaient pour la liberté et l'égalité et des milliers de volonté de combattre, qui recélait chacune des univers de compassion et de savoirs.

Ces dernières années, elles ont été un grand nombre à être exécutées pour des délits de droit commun et même pour des accusations non prouvées. Sous le mandat présidentiel du mollah Rohani, au moins 64 femmes ont été pendues en Iran.[2] Reyhaneh Jabbari[3], cette jeune femme courageuse exécutée pour s'être défendue contre son violeur, et tant d'autres Reyhaneh dont nul ne connait le nom.

Mais ne sous-estimez pas ces cris que personne n'entend. Ne sous-estimez pas ces larmes que personne n'a vues et ces gémissements étouffés. Ce sont les éléments d'une tempête qui finira par balayer les ennemis des femmes.

Le voile obligatoire

Un autre domaine de la violence et de la contrainte en Iran,

---

2. Selon les informations rassemblées par la commission des Femmes du Conseil national de la Résistance iranienne, au moins 64 femmes ont été exécutées en Iran du 9 septembre 2013 à la décembre 2015. La commission des femmes du CNRI estime que le nombre véritable de femmes doit être bien plus élevé parce que « la plupart des exécutions en Iran sont effectuées en secret sans que personne ne le sache, sauf ceux qui les font. » http://www.women.ncr-iran.org/index.php/documents/-2158 -63women-executed-in-iran-under-rouhani

3. Reyhaneh Jabbari, née le 6 novembre 1987, a été exécutée le 25 octobre 2014. La jeune femme avait 19 ans quand elle a été agressée par Morteza Abdul-Ali Sarbandi, un officier du renseignement qui voulait la violer. En se défendant, elle l'a frappé d'un coup de couteau, le blessant mortellement. Reyhaneh a passé sept années en prison avant d'être pendue. La peine de mort, prononcée à l'issue d'un procès inéquitable pour donner l'immunité aux agents des services de renseignement, a indigné l'opinion publique.

c'est le voile obligatoire. Les femmes en Iran dès les premières semaines du pouvoir de Khomeiny ont protesté contre le voile imposé. A la même époque, les femmes du mouvement des Moudjahidine du peuple ont participé activement dans les manifestations contre le voile obligatoire.

Le mollah Rohani dans ses mémoires, reconnait avoir été – dans sa fonction de représentant de Khomeiny au bureau politico-idéologique de l'armée – celui qui a imposé le voile dans l'administration de l'armée et de s'être rendu personnellement dans tous les services pour le faire entrer en vigueur.[4]

De même, il existe toute une série de règlements qui restreignent les libertés individuelles et sociales des femmes en Iran. De multiples organes spéciaux ont été mis sur pied uniquement pour combattre les femmes jugées mal-voilées. D'après des informations officielles, en un an, les agents ont interpellé 3,6 millions de femmes soi-disant « mal voilées » dans les rues et en ont envoyées 18.000 devant un tribunal[5].

En fait, ils ont fait de l'Iran une immense prison de femmes.

Il y a deux ans, les hommes de main du régime ont vitriolé de nombreuses femmes dans la ville d'Ispahan et aujourd'hui encore, des jeunes filles comme Soheila, Neda et Sara souffrent

---

4. Lire le texte complet des déclarations d'Hassan Rohani dans l'annexe.

5. Ahmadi Moghaddam, alors commandant des forces de sécurité : "les patrouilles du vice s'en prennent aux gens sans culture". Il a affirmé que la police avait sanctionné 3,6 millions de « femmes mal-voilées ». (Radio farda, 21 aout 2014) http://www.radiofarda.com/content/f-2iran-police-arrested-people-beach-summer-program-hijab/26542941.html

toujours de ces brûlures. Leurs souffrances incarnent celles de toutes les femmes d'Iran.

C'est pourquoi une fois de plus nous disons : Les femmes iraniennes doivent être libres ! Elles doivent elles-mêmes choisir leurs opinions, leurs vêtements et leur vie. Et nous répétons : Non au voile obligatoire ! Non à la religion obligatoire[6] ! Non à un gouvernement obligatoire !

La pauvreté des femmes en Iran

Aujourd'hui, avec l'inégalité, l'oppression et la répression, la pauvreté et la misère noire se sont emparées de la vie de la majorité de la population, en particulier des femmes.

A Téhéran, des mères vendent leurs enfants avant leur naissance pour environ 25 euros[7] et les femmes qui dorment dans des cartons dans les rues de Téhéran se montent au nombre de 5000[8].

6. Après avoir rencontré Maryam Radjavi, un auteur français a écrit un article, ajouté en annexe, sur sa vision du voile.

7. Siavosh Shahrivar, directeur général des affaires sociales et culturelles au gouvernorat de Téhéran : « certaines femmes toxicomanes ou esclaves sexuelles, en petit nombre, tombent enceintes. Parfois elles vendent leurs enfants. Nous devons accepter le fait qu'une partie de la vente des enfants est menée de manière organisée (...) Les informations indiquent que les femmes SDF et les prostituées vont dans certains hôpitaux au sud ou au centre de Téhéran pour donner naissance à leurs bébés qu'elles vendent après la naissance en échange de 100 à 200.000 tomans. » (Agence de presse Mehr, 7 février 2016)

8. Fatemeh Danechvar, présidente de la commission sociale du Conseil de Téhéran : Le phénomène des femmes SDF dormant dans des cartons augmente à un rythme rapide et 5000 du total des 20.000 SDF à Téhéran sont des femmes. » (Média officiels, 29 mai 2015)

Mais pire que cette pauvreté qui s'étend, c'est une politique réactionnaire qui restreint sans cesse la participation des femmes à la vie sociale. 87% de la population non-active sont des femmes.[9] Plus de 4 millions de femmes diplômés sont au chômage[10]. Et ces dix dernières années, plus de 100.000 femmes ont été exclues annuellement du marché du travail. [11]

La participation économique des femmes n'est même pas de 13%[12] et la participation politique des femmes dans ce régime n'a aucune signification. Le total de femmes élues

9. Vahideh Neguin, conseillère au ministère du Travail de la coopération et du bien-être social : « 40 millions de la population âgée de plus de 10 ans dans le pays sont inactifs du point de vue économique. Les femmes forment 87% de cette population inactive sur le plan économique. Une partie considérable d'entre elles, 64%, sont des femmes au foyer. (Agence Mehr, 28 avril 2015)

10. 51,02% des diplômés universitaires en Iran sont "inactifs". Le taux de chômage pour les femmes diplômées dans le pays est de 65,5%. Sur un total de 5.305.000 femmes diplômées, 1.282.000 ont un emploi et 546.000 sont à la recherche d'un emploi. (Agence Mehr, 5 janvier 2016)

11. Le taux de chômage des femmes était de 32,6% en 2013. Un an plus tard, ce chiffre a augmenté de 11% pour atteindre 43,4% en 2014. Un regard sur l'emploi des femmes ces dix dernières années montre que 100.000 femmes ont été licenciées du marché du travail chaque année. (Agence Isna, 30 juin 2015)

12. La vice-présidente pour les affaires des femmes et de la famille, Shaindokht Molaverdi : "la participation économique des femmes n'est que de %12,6 et leur revenu économique est si bas qu'il est nécessaire de formuler des programmes très sérieux. » (Agence Isna, 7 mai 2015)

au parlement en 36 ans atteint à peine la cinquantaine[13], 3% dans la législature actuelle. La mise en place de ces interdits, sont les décisions les plus politiques et les efforts du régime du guide suprême pour barrer la route à la participation des femmes.

C'est pourquoi je dis à mes filles et mes sœurs à travers tout l'Iran : Vous méritez de décider de votre destin dans un Iran libéré du régime du guide suprême. Vous et vos sœurs d'avant-garde au camp Liberty, vous pouvez et vous devez balayer de notre région, la dictature du guide suprême, l'intégrisme islamiste et les différents groupes qu'il a engendrés et amener la liberté en Iran, la paix dans la région et la sécurité dans le monde.

Les acquis de la Résistance

Pour l'Iran après le renversement du régime du guide suprême, nous avons pour programme l'instauration d'une démocratie fondée sur la liberté, l'égalité, la séparation de la religion et de l'Etat et l'abolition de la peine de mort.

Nous voulons que les femmes puissent jouir dans tous les domaines de droits égaux, notamment l'égalité dans les libertés et les droits fondamentaux, l'égalité devant la loi, l'égalité économique, l'égalité dans la famille, la liberté de choisir ses vêtements et la participation active et égale à la direction politique.

---

13. Le nombre total de femmes députées au parlement des mollahs, de la première législature à la 9e, est de 78. Lors des neuf législatures, seules 50 femmes ont frayé leur chemin jusqu'au parlement, car 28 d'entre elles ont été réélues. (Club des jeunes journalistes, 9 mai 2015)

Les femmes de la Résistance iranienne se battent pour que le peuple iranien, en particulier les femmes, soit libéré afin de pouvoir décider de son destin. Le régime du guide suprême, qui pratique le monopole à outrance, s'oppose de toutes ses forces à ce droit.

Face à lui, nous insistons sur un maximum de participation égale des femmes à la direction politique. Cette exigence, n'est pas juste un slogan et un programme pour l'avenir mais se fonde sur la pratique de cette Résistance. Une résistance dont le dirigeant, grâce à une conception profondément unicitaire, opposée à l'exploitation, a ouvert l'avancée du mouvement de l'égalité.

La persévérance de ce mouvement est le fruit d'une défense sans concession de la cause de la liberté et de l'égalité. En particulier, ces trente dernières années, l'organisation des Moudjahidine du peuple a fait de la valeur de l'égalité la base pratique de sa lutte et de ses relations internes. Une génération de femmes de l'OMPI gère depuis des années de grands organes de la Résistance, mettant ainsi cette valeur en application. Par ailleurs, une génération d'hommes qui croient dans la cause de l'égalité, a accepté l'égalité des femmes et leur rôle d'avant-garde, trouvant ainsi leur émancipation et un nouveau sens des responsabilités. La formation du Conseil centrale de l'OMPI avec un millier de femmes pour diriger la résistance, est un grand pas dans cette voie. Et aujourd'hui, elles ouvrent la voie en confiant des responsabilités à la nouvelle génération.

Le message de ce conseil central est simple : Pour chaque travail et chaque poste, c'est écarter l'idée de « moi d'abord », mais d'être toujours la première dans le domaine du dévouement et du sens des responsabilités.

Au lieu de voir les faiblesses et les manques des autres,

voir leurs points forts et c'est de cette manière que l'on peut construire un nouveau monde d'humanité.

Notre plus grand capital c'est notre solidarité. Nous devons développer la chaine de notre union, partout où il y a une oppression : des prisons iraniennes jusqu'aux foyers de terreur au Moyen-Orient. Soyons un nouveau message d'émancipation pour l'ensemble de l'Humanité.

Nous le pouvons et nous le devons !

L'adversaire de l'intégrisme islamiste, c'est la force des femmes

Intervention de Maryam Radjavi à l'occasion de la journée internationale des femmes - Berlin, 7 mars 2015

Un grand rassemblement s'est tenu à Berlin le 7 mars 2015 à l'occasion de la journée internationale des femmes en présence de Maryam Radjavi. Elle était entourée de nombreuses personnalités politiques venues du monde entier, comme notamment Kim Campbell et Iveta Radicova, anciennes premières ministres du Canada et de Slovaquie, Rita Sussmuth, ancienne présidente du Bundestag allemand, Frances Townsend, conseillère à la sécurité *intérieuredelaprésidencedes USA(2004-2008), SabineLeutheusser Schnarrenber, ancienne ministre allemande de la Justice, Maria Candida Almeida, Vice-procureur générale de la cour suprême du Portugal, Khuleh Dunya, porte-parole d'une délégation de femmes de l'opposition syrienne, Najima Thay Thay, secrétaire d'Etat à l'éducation au Maroc, Anissa Boumediene, ancienne Première dame d'Algérie, juriste et islamologue, Valentina Leskaj, juriste albanaise et Vice-présidente de l'Assemblée parlementaire du Conseil de l'Europe, Nele Lijnen, députée belge représentant une grande délégations de parlementaires d'Europe.*

Figuraient également Rudy Giuliani, ancien maire de New York, Gunter Verheugen, commissaire européen (1999-2009); Horst Teltschik, conseiller à la sécurité nationale du chancelier Helmut Kohl et ancien dirigeant de la conférence de Munich sur la sécurité ; l'évêque Wolfgang Huber, ex-Président du conseil protestant allemande ; Otto Bernhardt, Président de la Fondation Konrad-Adenauer et président du Comité de solidarité allemand avec un Iran libre ; Ryszard Czarnecki, Vice-président polonais du Parlement européen ; Alejo Vidal Quadras, Président du Comité international A la recherche de la Justice (ISJ) ; Struan Stevenson, Président de l'association européenne pour la liberté en Irak (EIFA); ainsi que Bernard Kouchner, Giulio Maria Terzi et Maia Panjikidze, anciens ministres des Affaires étrangères de France, Italie et Géorgie.

Voici le discours prononcé par Maryam Radjavi :

Saluons avec chaleur les femmes qui se sont dressées pour défendre la cause de l'égalité, qui se sont sacrifiées, qui ont ouvert la voie et qui ont annoncé la bonne nouvelle d'un monde nouveau.

Je suis heureuse que ce congrès consacré à la tolérance et l'égalité, soit organisé à Berlin. Je remercie l'ensemble des défenseurs des droits des femmes en Allemagne et en particulier Mme Sussmuth pour les efforts accomplis.

Au cours des deux siècles passés, le monde a plusieurs fois connu l'essor de mouvements pour l'égalité des femmes. Du mouvement des suffragettes pour le droit de vote et le droit d'être élue, la lutte pour les droits et les libertés individuels, comme le droit à l'éducation, le droit à la propriété, le droit au divorce, le droit à l'héritage ou le droit à un salaire égal, augmentation de quota de participation des femmes aux institutions économiques et politiques, jusqu'aux luttes où les femmes se sont sacrifiées dans les mouvements de libération et contre les tyrannies.

Mais l'avancée de la cause de l'égalité est confrontée de nos jours à une muraille épaisse qui est l'intégrisme islamiste. Une force qui menace toute la région et le monde avec ses génocides, son terrorisme et la propagation des discriminations, mais qui plus que tout est hostile aux femmes. C'est pour cela qu'aujourd'hui, à travers le Moyen-Orient, les femmes n'ont plus aucune sécurité, sont réprimées, sans abris, massacrées et emprisonnées. L'intégrisme islamiste s'est étendu au-delà du Moyen-Orient et menace toute l'Europe et d'autres points du monde. Cependant, je suis venue vous dire qu'il existe une voie de salut et de victoire et il y a une solution. L'adversaire de l'intégrisme islamiste, c'est la force des femmes. Oui, la solution se trouve dans un mouvement de résistance qui croit dans la force des femmes et le leadership des femmes et ce sont les femmes qui sont à l'avant-garde de ce combat.

La solution à l'intégrisme

Permettez-moi d'abord d'évoquer comment l'intégrisme islamiste a pris forme. Son émergence est due à divers facteurs, comme les conditions sociales, historiques et internationales. Les grands événements du 20e siècle ont aussi influé sur la formation de l'intégrisme islamiste, ou l'ont accentué. Mais aucun de ces mouvements n'a été aussi déterminant que l'arrivée au pouvoir des mollahs réactionnaires en Iran. D'autant plus que ce régime, a servi pour la première fois de modèle de gouvernance aux groupes de son acabit.

Quant à la source de ce phénomène, elle fait l'objet de nombreux débats. Est-ce que, comme disent certains, l'intégrisme islamiste c'est le monde musulman en formation de bataille contre l'occident et en particulier une confrontation de l'islam avec le christianisme et le judaïsme ?

Non, en vérité, il ne s'agit pas d'une bataille entre l'islam et le christianisme, ni entre l'islam et l'Occident, ni entre les chiites et les sunnites. Il s'agit d'une bataille entre la liberté et la tyrannie, entre l'égalité et l'oppression doublée de la misogynie.

Mais regardons pourquoi l'intégrisme islamiste voue surtout sa haine et sa violence aux femmes ?

1- A cause de sa nature arriérée et misogyne.

2- l'a constaté aussi bien lors de la révolution de 1979 en Iran, que dans les épreuves des autres pays de la Région, ce

phénomène a dû faire face à de grandes vagues de mouvements pour les libertés et l'égalité dans lesquelles l'émancipation des femmes a eu une position centrale.

C'est pourquoi l'hostilité à l'égard des femmes a toujours constitué le foyer de l'intégrisme islamiste, voulant ainsi terroriser l'ensemble de la société.

Mais je dois préciser que l'intégrisme islamiste qui est une réaction défensive vis-à-vis du mouvement pour les libertés et l'égalité ne pourra pas perdurer devant la détermination des peuples des peuples du Moyen-Orient en quêtes pour la démocratie et l'égalité.

Pour s'opposer à l'intégrisme islamiste, il faut une solution globale qui comporte une réponse culturelle. L'intégrisme islamiste se sert de l'islam comme prétexte pour en faire l'arme de ses agressions. Par conséquent la réponse se trouve dans son antithèse, à savoir l'islam démocratique. Il me faut souligner que ces deux entités sont totalement opposées l'une à l'autre.

L'une est une idéologie tyrannique quand l'autre est la religion de la liberté qui considère la souveraineté populaire comme le droit cardinal des peuples.

L'une prône la discrimination religieuse, quand l'autre est l'islam défenseur de l'égalité des droits pour les fidèles des autres religions.

L'une incarne le monopole et le dogmatisme, quand l'autre est l'islam de la tolérance qui encourage le respect des autres opinions et religions.

L'une est la foi imposée de force, quand l'autre est l'islam où toute contrainte est rejetée en religion.

Et l'une est une doctrine misogyne, quand l'autre est l'islam de l'égalité pour les femmes.

Il s'agit d'une vérité sur la base de laquelle l'OMPI a lancé un défi à l'intégrisme islamiste depuis plus d'un demi-siècle.

Sur ces deux islams, Massoud Radjavi, le dirigeant de la Résistance iranienne, a déclaré : un islam « porteur de ténèbres et l'autre porteur de l'étendard de la liberté, de l'unité et de l'émancipation. Mais la bataille que se livrent les deux, qui est en même temps la bataille où se joue le sort du peuple et de l'histoire de l'Iran, est un des maillons cruciaux du destin de l'humanité contemporaine. »

A présent il nous faut répondre à cette question, celle de savoir quelle est la solution politique à l'intégrisme islamiste. De nos jours, en Asie et en Afrique, des groupes intégristes islamistes se livrent à des ravages et à la terreur sous couvert de l'islam et leurs crimes qui s'étendent jusqu'à Paris, Bruxelles et Copenhague, mettent en danger les populations.

Comment maitriser ce danger ? Où est la source qui, si elle est asséchée, mettra fin au phénomène de l'intégrisme ? Il faut trouver la réponse dans l'opposition à la dictature religieuse au pouvoir en Iran. Car ce régime est le cœur du problème et son soutien aux dictatures de Bachar Assad en Syrie et de

Maliki en Irak a permis l'émergence de milices intégristes et de Daech.

C'est pour cela que le silence face à l'ingérence en Syrie, en Irak et dans d'autres pays de la région du fascisme religieux au pouvoir en Iran, a forciori la coopération avec lui sous prétexte de combattre Daech, est une erreur stratégique. C'est une pure illusion que de demander au pyromane d'éteindre le feu. Au contraire, la bonne politique consiste à chasser le régime des mollahs d'Irak et de Syrie.

Le régime iranien est à l'origine de la plupart des crimes et atrocités que les groupes intégristes commettent en l'imitant.

Au fait, au cours des vingt dernières années du 20e siècle, qui a officialisé la lapidation ?

Qui a inscrit dans sa loi les châtiments de l'énucléation des yeux et de l'amputation des membres ?

Qui a massacré le plus de prisonniers politiques depuis la seconde guerre mondiale ?

Dans l'histoire contemporaine, qui a lancé la première fatwa de meurtre d'un écrivain étranger ?

Qui a ravivé le concept du califat réactionnaire et en a fait un modèle ?

Oui, le régime du guide suprême est le parrain du terrorisme, l'ennemi des peuples du Moyen-Orient et la menace principale à la paix et la sécurité du monde.

A l'occasion de la Journée internationale des femmes, il me faut aussi dire que Khomeiny et ses hommes de mains ont commis tant d'horreurs et d'injustices, en particulier dans les prisons contre les femmes, que tout n'a pas encore été révélé.

En vérité, les crimes effroyables de ces derniers mois commis par Daech, qui ont meurtri le cœur de l'opinion dans le monde, ne sont qu'une partie infime du fléau qui sévit depuis 36 ans en Iran.

Dans la région également, c'est ce régime qui a lancé le terrorisme et l'intégrisme sous couvert de l'islam. Je suis heureuse qu'aujourd'hui les dirigeants occidentaux fassent la différence entre l'islam et l'intégrisme islamiste. Dans un discours, Mme Merkel, la chancelière allemande, a déclaré que le terrorisme au nom de l'islam est une insulte à Dieu.

Oui, l'initiateur et le guide du phénomène de l'intégrisme dans le monde aujourd'hui, c'est le régime iranien. C'est pour cette raison que le renversement de ce régime, le parrain de Daech, est une nécessité absolue, pas seulement pour le peuple iranien, mais pour l'ensemble de la région et du monde.

Viser l'épicentre de l'intégrisme islamique

Le monde n'est pas en mesure de vaincre l'intégrisme islamiste sauf s'il vise le cœur de ce phénomène qui est le régime des mollahs en Iran. La faute des gouvernements partisans de la complaisance, c'est qu'ils ne se sont pas opposés sérieusement à l'intégrisme, mais qu'ils ont aussi opté pour le compromis avec l'Etat qui le soutient, le régime iranien, et ont pris part à la répression de son alternative.

Au fait, pourquoi les gouvernements occidentaux face à Daech et l'extrémisme sous couvert de l'islam sont noyés dans la confusion ?

Pourquoi n'arrivent-il pas à comprendre comme il le faut la réalité de l'intégrisme islamiste avec ses dangers et ses profondes faiblesses ?

Parce qu'ils sont très imprégnés par la complaisance avec les intégristes.

Nous leurs disons de cesser la complaisance et de séparer

leur front du foyer de l'intégrisme islamiste qu'est le régime iranien.

Tout comme nous voulons mettre en garde qu'accorder des concessions à ce régime dans les négociations nucléaires va à l'encontre des intérêts du peuple iranien et des peuples de la région et contre la paix et la sécurité dans le monde, et qu'enfin cela sacrifie les droits humains du peuple iranien.

Il y a trois jours, simultanément avec les négociations sur le nucléaire, les mollahs au pouvoir ont exécuté en publique ou clandestinement quelques dizaines de personnes dont six prisonniers politiques sunnites, issue de la jeunesse du Kurdistan, alors qu'ils étaient en grève de la faim. Ils ont voulu ainsi couvrir l'impasse dans lequel se trouve leur régime et prévenir les soulèvements populaires. Nous rendons hommages à ces martyrs et affirmons que le silence et l'inaction face à ces crimes sous prétexte de mener des négociations avec ce régime sur son programme nucléaire, ne fera que perpétuer ces tueries et encourager les mollahs pour continuer leurs projets nucléaires.

C'est contraints par une position de faiblesse absolue que les mollahs sont venus s'asseoir à la table des négociations. Mais la politique de complaisance les a stimulés. Voilà une politique de faiblesse qui encourage l'intégrisme. Alors il faut y mettre fin.

Fort heureusement, le peuple iranien n'a jamais gardé le silence face à la dictature religieuse et cela fait plus de trente ans qu'une alternative démocratique s'est dressée contre la tyrannie. Une alternative dont l'axe centrale est un mouvement qui prône l'islam authentique et démocratique et qui insiste sur la séparation de la religion et de l'Etat. Une alternative puissante, porteuse du message de l'égalité des femmes dans tous les domaines, en particulier à la direction politique de la société.

C'est au principe d'égalité que l'on doit la persévérance de ce mouvement et ses avancées.

La présence à tous les niveaux de femmes qui ont traversé en premières lignes des massacres et les épreuves les plus **ardues,** a engendré un nouveau degré d'engagement dans la cause de la liberté et un nouveau degré de solidité et de ténacité dans ce mouvement. Oui, un mouvement riche de sa cause, qui n'oscille pas à l'aune des rapports de force, qui reste persévérant, qui avance, débordant d'enthousiasme et de dynamisme et qui crée de nouvelle valeurs qui lui permettent de tenir et de construire l'avenir.

Des valeurs comme : donner la priorité à l'amour, l'affection, l'amitié et le dévouement pour ses frères et sœurs de lutte, au lieu de la rivalité, la jalousie ou l'élimination, en un mot la priorité à l'amour face à la haine.

Il faut ajouter le refus du désespoir, ne pas baisser les bras devant les difficultés malgré l'âpreté de la lutte et sa longueur dans le temps.

Je dois indiquer que ces valeurs ne sont pas seulement celles des femmes et des hommes d'avant-garde de l'Iran,

mais que partout où l'oppression et inégalité existent, elles sont la clé du progrès et de l'émancipation. C'est la voie qui appelle à la lutte, et qui renforce l'endurance et la ténacité.

Un front international contre l'intégrisme islamique

Chères sœurs éprises de liberté en Syrie, en Irak, en Palestine, en Tunisie, en Egypte, en Jordanie, au Yémen, en Libye, au Maroc, en Algérie, en Afghanistan, en Inde, au

Pakistan, en Europe, en Amérique et dans le reste du monde.

Je vous appelle toutes à former et développer un front puissant contre 1 'intégrisme islamiste, le terrorisme et la barbarie sous couvert de l'islam. La présence à vos côtés, des hommes s'opposant tout autant à l'intégrisme islamiste est, bien sûr, indispensable.

Quand on voit que la tuerie de nos enfants au Pakistan, l'enlèvement de nos filles au Nigéria et le massacre et l'exode immenses des femmes et des enfants en Syrie devenir des incidents ordinaires, quand on voit que l'exécution de la jeune Reyhaneh Jabbari et les agressions à l'acide contre nos sœurs en Iran ne suscitent aucune réaction, c'est la force des femmes qui peut et qui doit s'insurger, c'est la voix des femmes, les protestations des femmes et l'union des femmes qui peuvent et qui doivent arrêter ce fléau.

Changer ces conditions, voilà notre objectif et notre responsabilité et il faut pour cela se mettre au travail : pour l'égalité des droits des femmes dans tous les domaines, du droit de choisir ses vêtements et la suppression du voile obligatoire, jusqu'au droit de participer à part égale à la direction politique du pays. Il nous faut construire un monde fondé sur la justice, la liberté et l'égalité. Oui, les femmes sont absolument capables de construire ce monde.

Alors à toutes mes sœurs en Iran, aux femmes courageuses qui résistent actuellement dans les prisons, aux jeunes femmes dont la voix portent le plus fort les protestations en Iran, aux enseignantes qui ont massivement participé dans les protestations des enseignants en Iran ces derniers jours, ainsi qu'à nos sœurs ouvrières, employées, infirmières, aux étudiantes, aux lycéennes, je leur dis que ce sont elles qui sont aujourd'hui chargées de la mission de libérer l'Iran.

Vous avez devant vous les modèles de plusieurs générations de femmes tombées martyres, de Fatemeh Amini, Achraf Radjavi, Azam Rouhi Ahangar, Marzieh Oskouhi aux étoiles brillantes du camp d'Achraf, Zohreh et Guiti, Saba et Assieh, Mahdieh et Farideh et Razieh, ainsi que le modèle d'un millier de femmes d'avant-garde des Moudjahidine du peuple. Saluons toutes ces femmes !

Permettez-moi, au nom de toutes mes sœurs à travers le monde, de dire à la communauté internationale, au gouvernement américain, à l'Union européenne et à l'ONU que le plus grand mouvement de femmes d'avant-garde à Liberty en Irak est une source d'espoir et d'inspiration pour les femmes d'Iran et un capital pour les mouvements de l'égalité dans le monde. Et qu'il ne faut pas ignorer leur droit à la protection et à la sécurité.

Aussi je dirais haut et fort : Si vous n'êtes pas capables de garantir la sécurité des habitants de Liberty en Irak, il faudra alors que vous leur rendiez une partie de leurs armes individuelles pour qu'ils puissent se défendre et se protéger des violences de la force Qods des Pasdarans et des milices du régime iranien. Sinon, vous nourrissez la bête immonde de l'intégrisme islamiste.

Je dis aussi aux femmes et aux hommes épris de liberté à travers le monde de renforcer de plus en plus ce front contre l'intégrisme islamiste pour la protection des droits des habitants de Liberty.

Oui, proche est ce moment de l'histoire où grâce à vous, le monde et les peuples du Moyen-Orient seront débarrassés du cauchemar de l'intégrisme islamiste. Et sans aucun doute il se réalisera avec notre unité.

Nous pouvons et nous devons le faire !

La misogynie, la clé de la survie du régime iranien

Intervention lors d'un rassemblement de femmes du Moyen-Orient et d'Afrique du Nord
Berlin - 8 mars 2015

A l'occasion de la Journée internationale des femmes, une table ronde s'est tenue à Berlin le 8 mars 2015 en présence de nombreuses personnalités politiques et militantes des droits des femmes de divers pays comme les USA, le Canada, la France, l'Argentine, l'Espagne, l'Italie, la Finlande, le Portugal, la Roumanie, l'Albanie, la Palestine, l'Algérie, la Syrie, l'Egypte, le Maroc, la Jordanie, la Tunisie, le Bahreïn, le Kurdistan d'Irak, le Tadjikistan, l'Inde, le Pakistan et la Moldavie.
Voici le discours de Maryam Radjavi :

Mes plus sincères félicitations à toutes et tous qui êtes venus ici de divers pays à l'occasion de la Journée internationale des femmes.

Malgré la dictature et la misogynie des mollahs en Iran, malgré les crimes perpétrés par les intégristes islamistes à l'encontre de nos sœurs au Moyen-Orient et en Afrique, cette année-là, il est plus nécessaire que jamais de célébrer cette Journée mondiale des femmes.

Car la force des femmes dans le mouvement de la liberté et de l'égalité en Iran et ailleurs dans le monde est un flambeau qui éclaire le chemin de toutes celles et tous ceux qui disent NON à la dictature, non aux idées rétrogrades, non à la discrimination et qui sont déterminés à les faire disparaître.

« Un coup ou le voile sur la tête »

Dans l'année qui s'est écoulée, les femmes des pays arabes et musulmans ont vu leur vie et leur destin gravement menacés, particulièrement en Syrie et en Irak. C'est pourquoi il nous est nécessaire à toutes et à tous de comprendre la réalité de la misogynie inhérente à l'intégrisme islamiste et le rôle des femmes pour le combattre.

Dans la conférence d'hier, j'ai essayé en particulier de répondre à cette question : quelle est la solution face au fléau de l'intégrisme islamiste ? Aujourd'hui je voudrais développer le thème du comportement de l'intégrisme, sur la base de l'expérience iranienne. D'autant plus qu'on retrouve le comportement connu des intégristes au pouvoir en Iran depuis 36 ans, chez d'autres groupes ou mouvements qui en font un modèle pour l'appliquer dans d'autres pays touchés par ce phénomène.

Le premier point c'est que la misogynie est une des caractéristiques majeures de l'intégrisme islamiste et de la dictature religieuse. La trahison de Khomeiny à l'égard de la Révolution iranienne a manifesté son visage hideux à la première journée du 8 mars après la chute de la monarchie, lorsque dans les rues de Téhéran, les femmes ont été réprimées pour porter le voile obligatoire, avec le mot d'ordre « le foulard ou un coup sur la tête ». Ce jour-là, les femmes Moudjahidine du Peuple qui portent elles-mêmes le foulard se sont tenues aux côtés des femmes sans foulard et persécutées faces aux matraqueurs de Khomeiny.

Depuis lors, les Iraniennes sont les cibles d'une répression ultra sauvage et de toutes formes de discriminations et d'humiliations. La torture et l'exécution de dizaines de milliers de militantes, notamment de l'OMPI, formant donc une immense majorité de musulmanes, a pris des dimensions ahurissantes, sans commune mesure dans le monde contemporain.

D'autres restrictions

Du point de vue des libertés civiques et des droits individuels et sociaux, ce régime a fait régresser le statut des Iraniennes avec des violations massives des conventions internationales, notamment avec des discriminations à l'égard des femmes. Les humiliations, les arrestations et le fouet pour imposer le voile obligatoire, font partie de la législation des mollahs.

L'an dernier, le guide suprême du régime Khamenei a déclaré que l'égalité des femmes et des hommes est une erreur. Selon lui, il faut absolument prendre ses distances avec les concepts occidentaux sur des questions telles que l'emploi et l'égalité des genres. Suivant cette politique, depuis trois ans, les filles se voient interdire plus de 70 matières universitaires, soit une restriction accrue par rapport au passé.

En outre, une politique et des règlements toujours plus nombreux veulent maintenir les femmes au foyer et leur bloquer l'accès au marché du travail. Ainsi, les femmes ne constituent que 16% de la population active de la société. Or, selon les statistiques officielles, près de 3 millions de femmes assurent la survie de leur famille et la plupart sont écrasées par une extrême pauvreté.

Par ailleurs, sur l'ordre du guide suprême des mollahs, un plan de développement démographique a été mis en œuvre. Ainsi des lois ont été adoptées pour empêcher l'embauche des célibataires, hommes ou femmes, et les employées sont encouragées à avoir davantage d'enfants. La première conséquence pratique – et la plus grave – c'est la mise à l'écart des femmes, reléguées au foyer.

Les femmes sont privées de nombreux droits et libertés publics, même d'aller voir des compétitions sportives ou de chanter en solo. Elles sont évincées des activités sociales, contrôlées et inspectées dans les aspects les plus privées de leur vie.

La répression des femmes levier de la répression générale

Le deuxième point majeur c'est que la misogynie est l'axe autour duquel tourne toute la répression de la société et dont va dépendre la survie de la tyrannie. La raison de la misogynie de ce régime, ne vient pas de la bigoterie ou des efforts pour préserver la chasteté de la société ou les fondements de la famille. En fait, sous les mollahs, la société iranienne a vu l'effondrement des

valeurs et en même temps le développement de la prostitution.

La misogynie sous le prétexte de la religion, est ainsi devenue systématique et continue car c'est un levier pour imposer le monopole du guide suprême.

Des dizaines d'organes de répression gravitent dans l'orbite de la misogynie. Elle vient justifier les contrôles permanents de la population dans les rues, les patrouilles et les organes comme « l'office du vice » ou « la police de la sécurité morale », et une vingtaine d'autres du même genre. La répression des femmes sous prétexte du code vestimentaire, reste l'arme la plus efficace pour asphyxier la société et étouffer toute protestation. Au cours de l'automne dernier, à Ispahan, les mollahs ont manifesté leur sauvagerie et leur barbarie en vitriolant des femmes.

En enchainant les femmes pour des raisons soi-disant religieuses, les mollahs ont repoussé toutes les frontières et dépassé toutes les bornes. Ils se sont donnés carte blanche pour s'immiscer et contrôler tous les domaines, notamment l'éducation, l'administration et la production, l'embauche et le licenciement des employés, le contrôle permanent des allers et venues des femmes et des jeunes dans les rues, les descentes arbitraires chez l'habitant, la censure des livres, des films, du théâtre, de la musique, du filtrage d'internet, des sites, des réseaux sociaux, les casiers judiciaires montés de toutes pièces et les descentes de police dans les soirées et les fêtes.

C'est pourquoi dans le régime des mollahs, le contrôle vestimentaire prend autant d'importance dans la politique et les lois. C'est pourquoi les mollahs taxent celles qui ne respectent pas le code vestimentaire de contre-révolutionnaires. C'est pourquoi à chaque fois que le régime encaisse un échec politique et international ou à chaque fois qu'il se retrouve face à des insurrections et des protestations sociales le nombre d'exécutions augmentent et il multiplie les opérations de lutte contre les « mal-voilées ».

Le président du régime, le mollah Rohani a lié le voile obligatoire à l'existence du régime. Il a dit : « le voile est là pour la sécurité. »[1] Les mollahs savent que s'ils renoncent au voile obligatoire ou à une loi ou une politique misogyne, la force des femmes avancera à grande vitesse pour mettre en marche toute la société. Oui, la sécurité du régime du guide suprême est un deuxième point majeur pour comprendre la raison de la misogynie du régime des mollahs.

Les femmes, la plus grande menace pour le régime des mollahs

Mais le troisième point important, c'est que la plus grande menace sociale pour le régime des mollahs c'est la force éprise de liberté et d'égalité, et c'est une des raisons premières de la haine que vouent les mollahs aux femmes.

Je dois rappeler que ce qui s'est passé dans la révolution du

1. Télévision d'Etat, 7 septembre 2014

peuple iranien en 1979 contre la dictature du chah ressemble au printemps arabe et aux insurrections de ces dernières années au Moyen-Orient contre les dictatures et la corruption.

Au milieu de cela, les femmes qui sont historiquement la cible de discriminations et d'humiliations, ont eu et ont davantage de revendications de base portant sur l'égalité et l'émancipation.

D'autant plus que nous sommes dans une période où le véritable progrès de la société devient possible grâce à l'égalité des femmes et des hommes. C'est pour cela que les revendications des femmes et leur résistance constituent la plus grande menace pour ce régime. Et c'est pourquoi le fascisme religieux en Iran détient le record jamais battu de tuerie de femmes politiques du monde contemporain.

Dans la première année du déclenchement de la résistance, il y a trente ans, les prisonnières se comptaient par milliers.

Après quoi les mollahs n'ont reculé devant aucun crime contre les femmes. Mais les Iraniennes n'ont pas plié. C'est le résultat le plus important et le plus honorable de la confrontation des femmes iraniennes avec le régime du guide suprême. Oui, la répression continue mais les mollahs ont échoué à imposer leurs mesures réactionnaires aux femmes. Le voile obligatoire est toujours imposé, mais les Iraniennes résistent au code vestimentaire obligatoire, et chaque jour les affrontements avec les forces de sécurité se multiplient.

La répression règne de toute sa violence mais n'a pas réussi à diminuer les revendications des femmes. Et la demande urgente des femmes c'est le changement de la situation actuelle, c'est-à-dire la chute du régime du guide suprême.

Oui, juste en face de ce régime qui veut sans cesse humilier et supprimer les femmes, la présence d'un millier de femmes héroïques dans le conseil central des Moudjahidine du peuple, au premier rang de la lutte contre le fascisme religieux, est la raison la plus claire sur le rôle clé des femmes, leur sens des responsabilité et leur valeurs dans la société iranienne. Le rôle des femmes dans le mouvement de la résistance, en particulier à Achraf et Liberty, a été et reste l'aspect déterminant de la confrontation des Iraniennes avec ce régime misogyne. C'est un modèle de résistance qui appelle toutes les femmes à lutter pour la liberté et l'égalité et à endosser la mission de libérer toute la société.

Je voudrais aussi souligner la grande mission qui repose sur les épaules des femmes de toute la région. Les tensions fondamentales actuelles font que la responsabilité des femmes va au-delà de la lutte pour leur liberté et leur égalité.

Aujourd'hui, c'est le salut de toute la région des griffes de l'intégrisme islamiste qui repose sous la forme d'une grande mission sur les épaules des femmes. Dans cette lutte, la meilleure arme des femmes, leur plus grande capacité et possession, c'est leur solidarité et leur union toujours plus fortes.

Malgré la diversité de leurs religions et de leurs origines, de leurs opinions et de leurs cultures, et malgré toutes les différences, ce qui peut produire une force incroyablement efficace c'est justement cette union et cette solidarité.

C'est pourquoi à nouveau je vous appelle toutes à former et développer un front puissant contre l'intégrisme islamiste, contre le terrorisme et la barbarie sous couvert de l'islam.

J'espère de tout mon cœur et je suis convaincue que même si aujourd'hui les ténèbres recouvrent l'Iran et le Moyen-Orient, la lutte des femmes donnera le jour à un avenir lumineux qui apportera aux peuples de cette région la liberté, la démocratie et l'égalité.

Interview avec le magazine français Women Side

Maryam Radjavi, un nouvel Iran ?

12 avril 2017

Présidente élue du Conseil National de la Résistance Iranienne, Maryam Radjavi est connue pour son opposition au régime de la République islamique d'Iran et pour ses prises de position en faveur de la démocratie, de la séparation de la religion et de l'État, et de l'égalité des femmes et des hommes. La rencontrer s'imposait.

Présidente élue du Conseil national de la Résistance iranienne, Maryam Radjavi est connue pour son opposition au régime de la République islamique d'Iran et pour ses prises de position en faveur de la démocratie, de la séparation de la religion et de l'Etat, et de l'égalité des femmes et des hommes. La rencontrer s'imposait.

Quelle est la situation des femmes en Iran?

Pour avoir une image globale, la situation des femmes aujourd'hui en Iran ressemble à ça : une énergie comprimée et enfermée, ou encore un ressort tassé qui pousse à tout prix pour se détendre et avancer vers le progrès. Mais les cloisons de plomb du régime du guide suprême forment un barrage. L'Iran est l'un des pays au monde où règnent les conditions les plus oppressives contre les femmes.

Dès le premier jour, les mollahs ont réprimé les femmes et leur ont fait subir des discriminations avec de multiples contraintes.

Du point de vue économique, sur une population de 80 millions d'habitants en Iran, 45 millions sont inactifs. Près de 90% de cette population inactive sont des femmes. Les femmes sont les victimes de la crise économique profonde, qui a commencé en 2008. Un huitième des 24 millions de familles en Iran sont dirigées par des femmes, mères isolées, qui sont toutes plongées dans une misère noire.

Ces dix dernières années, elles ont été des dizaines de milliers à perdre leur emploi, réduisant leur participation à la vie économique à 14%. Les femmes au chômage sont deux fois plus nombreuses que les hommes et la vente des nouveau-nés est devenue une manière pour les plus pauvres de trouver de quoi survivre. A Téhéran, on trouve peu de rues où ne soient affichées des annonces de ventes de nouveau-nés. On dénombre dans la seule capitale 5000 femmes SDF, un nombre qui grossit au fil des ans.

D'un point de vue législatif, le code civil des mollahs est fondé sur la discrimination. Les femmes ne peuvent pas accéder à la présidence de la république, diriger le pays ou de devenir juge. Elles sont privées de nombreuses autres fonctions. Les femmes héritent moitié moins que les hommes et leur témoignage devant un tribunal vaut aussi la moitié de celui d'un homme. Dans quelques cas, leur témoignage n'a aucune valeur. Même le montant du prix du sang que, selon les lois des mollahs, un meurtrier doit verser en compensation du meurtre d'une femme est la moitié de celui d'un homme.

Dans les lois des mollahs, la valeur et les droits humains d'une femme sont réduits à la moitié de ceux d'un homme. Cela ouvre la voie à la violence et au meurtre, comme les crimes d'honneur. Un mollah de haut rang du régime, Makarem-Chirazi, qui promulgue des fatwas, n'a pas hésité à déclarer il y a peu que « dans certaines femmes il existe toujours une forme de masochisme, qui parfois s'intensifie. Dans ce cas de crise exceptionnel, cela leur fait du bien de les punir modérément. »

Les lois de la charia des mollahs ont rendu courante la culture patriarcale, avec des coutumes décadentes comme la polygamie ou le mariage temporaire.

Les lois des mollahs facilitent clairement le viol des femmes. Les tribunaux du régime n'accordent pas d'importance aux appels à la justice des victimes, et celles qui se défendent face à ces agressions sont pendues comme Reyhaneh Jabbari, cette jeune fille exécutée à Téhéran en octobre 2015.

Du point de vue de la famille, la femme doit être soumise à son mari, elle n'a pas le droit au divorce, et si elle est divorcée, elle n'a pas le droit de garde des enfants. Elle doit aussi demander la permission à son mari pour jouir de ses propres biens, voyager, sortir de chez elle et même observer certains rites religieux.

Dans les relations sociales, il existe un apartheid sexuel.

Cette ségrégation dans l'éducation, les centres de soins, les administrations et jusque dans les autobus sert à maintenir l'infériorité du statut des femmes et à les priver de leurs droits et de leur liberté. Elles sont même privées d'aller voir des matches dans les stades et de chanter en public.

En septembre 2016, Khamenei a annoncé que le rôle des femmes était d'être mères et de s'occuper de la maison, et que le rôle des hommes était d'être père et d'avoir des activités économiques. Il a également demandé le renforcement de la politique officielle de la multiplication des naissances.

La méthode centrale des mollahs pour réprimer et humilier les femmes, c'est le voile obligatoire. Pour faire appliquer cette loi, les mollahs ont fait en sorte que les femmes en Iran, où qu'elles soient, ne se sentent pas en sécurité. Car il existe un contrôle permanent où les femmes sont réprimandées, arrêtées, humiliées et sanctionnées. En 2016 le chef des forces de sécurité a déclaré qu'en moyenne 2000 femmes « mal-voilées » avaient été arrêtées par jour en Iran. Il existe plus de 20 organes pour faire appliquer le voile obligatoire.

Le régime en Iran est un régime sexiste ?

Absolument. Cependant il me faut expliquer quelles sont les raisons de la misogynie des mollahs et celles qui ne le sont pas.

Pour atteindre la liberté et la démocratie, la nation iranienne a renversé la dictature du chah en 1979. Les mouvements de libération et les partis démocratiques avaient subi de longues années de répression. C'est ce qui a permis à Khomeiny, dans des conditions exceptionnelles, de profiter de ce vide et d'usurper le leadership de la révolution. Khomeiny était obscurantiste et tyrannique. C'est pourquoi dès son arrivée au pouvoir, sa tâche principale a été de combattre les aspirations démocratiques de la société. Mais ces aspirations étaient surtout et d'abord portées par les femmes. Car les femmes, surtout les jeunes avaient acquis une conscience politique, et avaient par millions participé à la révolution de 1979. Elles refusaient dès lors l'inégalité et ne supportaient plus les humiliations.

Avec la répression des femmes, la dictature religieuse que Khomeiny a instaurée emprisonne toute la société.

Mais ce qui n'est pas la raison de la misogynie des mollahs, ce sont leurs prétentions d'appliquer les lois de l'Islam. Ils présentent, en effet, l'islam comme une religion d'inégalité et de contrainte, de répression et d'exploitation des femmes qui serait là pour préserver et renforcer le patriarcat. C'est une image totalement inversée de l'islam. Car les versets du Coran place les hommes et les femmes sur un pied d'égalité et récuse toute contrainte en religion. Dans les premières années de son existence, l'islam a franchi de grands pas pour donner aux femmes des droits sociaux et économiques qui par rapport à cette époque, il y a 14 siècles, a constitué une grande révolution. Ces pas s'orientaient vers l'égalité.

Dans un pays où le pouvoir a une telle conception des femmes comment une femme s'est-elle hissée à la tête de son opposition ?

Le statut de la femme sous la tyrannie religieuse au pouvoir en Iran est sans commune mesure avec la position qui doit revenir aux Iraniennes, à leur degré de conscience, à leur progrès intellectuel et le niveau de leur lutte.

Les femmes en Iran ont commencé dès la révolution constitutionnelle de 1907 à se battre pour la liberté et l'égalité. Leurs efforts tout au long de l'histoire débordent de passion et de persévérance. De grandes femmes célèbres sont apparues dans les domaines de la poésie, de la littérature, de l'enseignement et de la science et se sont efforcées de démontrer la nouvelle identité des femmes iraniennes, libres, émancipées et capables de faire ses choix. Les efforts les plus dévoués ont été le fait des femmes qui sont entrées en lutte contre la dictature. Dans cette lutte, elles ont combattu pour la liberté de leur peuple, pour dessiner une nouvelle identité aux Iraniennes qui se veulent libres et indépendantes, pour prendre en main leur propre destin et jouer un rôle déterminant dans celui de leur pays.

Dans la lutte contre la dictature religieuse qui est l'une des tyrannies les plus sauvages de l'histoire de l'Iran, les femmes ont joué un rôle d'avant-garde déterminant dans les salles de torture, devant les pelotons d'exécution ainsi que dans les révoltes et le mouvement organisé de la résistance.

Le fait qu'aujourd'hui les femmes se trouvent dans les divers degrés de la direction de l'organisation des Moudjahidine du peuple d'Iran (OMPI) et occupent plus de la moitié des sièges du parlement en exil de la résistance (le Conseil national de la résistance iranienne, CNRI), est le fruit de ce dévouement et de ce rôle d'avant-garde. Les Iraniennes ont acquis leurs compétences dans une lutte longue et difficile, sur un chemin semé d'obstacles, plongé dans l'obscurité et le flou.

Cela fait des années qu'au nom de la Résistance iranienne, j'ai annoncé que la participation active et égale des femmes à la direction politique est un des points majeurs du programme de la résistance pour l'Iran libre de demain. A nos yeux, le leadership des femmes n'est pas seulement un beau slogan ou un rêve, c'est une réalité à portée de la main. Car il s'appuie sur un passé riche de lutte de femmes ayant mené un combat ardu contre ce régime et qui ont acquis des mérites.

Si aucune mesure n'est prise en faveur de la liberté des femmes en Iran, que recommandez-vous ?

Il faut savoir que sous le régime des mollahs, on ne peut attendre le moindre pas en faveur des droits et des libertés des femmes. La théocratie en place a pour caractéristique la misogynie et si elle veut cesser la répression et la discrimination contre les femmes, elle se dissout. Ce régime n'est pas réformable et il n'a cessé de le démontrer durant près de 40 années de pouvoir. A trois reprises les mollahs ont prétendu à la modération. Une fois avec Rafsandjani, une autre fois avec Khatami et maintenant avec Rohani. Mais les faits ont démontré qu'ils n'avaient d'autre but que de prolonger la vie de cette théocratie et ils n'ont pris aucune distance avec la politique misogyne. Rafsandjani disait que le cerveau des femmes est plus petit que celui des hommes et sous le mandat actuel de Rohani environ soixante-dix femmes ont été exécutées.

Envisagez-vous d'être une présidente pour l'Iran ? Si oui dans quelle mesure ?

Le Conseil national de la Résistance iranienne est une alliance de groupes et de personnalités de convictions et de tendances politiques diverses, issues des minorités ethniques multiples d'Iran. Il est l'alternative démocratique à la tyrannie religieuse. C'est ce conseil qui m'a élue comme présidente de la République pour la période de transition du pouvoir après le renversement. C'est un mandat pour une durée limitée qui prendra fin avec la formation de la nouvelle Assemblée constitutionnelle et législative et l'adoption de la nouvelle constitution du pays. La présidence de la République à venir de l'Iran sera définie au suffrage universel par le peuple iranien lors d'une élection libre.

C'est notre histoire

Moments et images des souffrances et de la lutte des femmes en Iran

Exposition sur 150 ans de lutte des femmes en Iran Tirana – Février 2017

Parallèlement à la conférence internationale organisée pour la Journée internationale des femmes à Tirana (Albanie), une exposition a été organisée sur l'histoire de 150 ans de lutte des femmes iraniennes pour la liberté.

Après avoir visité l'exposition, Maryam Radjavi a fait de brèves remarques, rendant hommage à la lutte des Iraniennes. Elle *a rendu hommage aux pionnières qui ont donné leur vie pour la liberté en Iran et déposé des fleurs sur un monument leur étant dédié.*

Dans son intervention, Maryam Radjavi a déclaré :

J'apprécie profondément tous ceux qui ont participé à la préparation de ce merveilleux travail qui nous rappelle les moments glorieux du long et tortueux chemin que les femmes d'Iran ont parcouru au fil du temps contre plusieurs dictatures. C'est l'histoire de l'héroïsme des femmes en Iran et bien sûr, l'histoire de leurs souffrances. Chacun de ces portraits témoigne d'une longue histoire.

Regardez le portrait de Tahereh Tolou qui a été poignardée dans le cœur par les gardiens de la révolution de Khomeiny. Ils ont ensuite suspendu son corps sauvagement par les pieds à un arbre au-dessus du col de Charzebar. Ils n'ont jamais pensé qu'un jour cette image se transformerait en un exemple bouleversant et révoltant toute Iranienne et toute femme défendant la liberté dans le monde.

Un autre exemple : le portrait de Neda Agha-Soltan tuée dans les rues de Téhéran. Un incident qui a choqué et a bouleversé le monde. Et les portraits de nos chères sœurs d'Achraf et de la Liberty qui ont perdu la vie dans les attaques à la roquette ou qui ont été tuées dans des affrontements au corps à corps, en particulier la scène épique générée par Zohreh et ses compagnons.

Tout cela fait partie de notre histoire. L'histoire du long combat de notre peuple pour la liberté contre la tyrannie et la dictature. Bien sûr, il est impossible de montrer cette histoire dans un temps et un espace aussi limités.

Et je voudrais également souligner que seule une infime

partie de l'héroïsme des femmes en Iran a été rapportée ou inscrite dans l'histoire parce que la misogynie des dirigeants obscurantistes ne permet pas de raconter ou de décrire la bravoure de ces femmes, leur courage et leur héroïsme.

L'héritage des femmes que nous connaissons a été largement déformé ou censuré. Nous avons été capables de récupérer cela des lourdes distorsions et de la censure.

A nouveau, il ne s'agit que d'une partie infime de l'amertume, des blessures et des douleurs de 150 ans de lutte de nos sœurs en Iran qui est présentée ici. Néanmoins, cette présentation partielle témoigne du précédent historique des femmes iraniennes et des efforts incessants qu'elles ont menés, ouvertement ou secrètement, au cours de ces années.

J'aurais aimé parler longuement de leurs luttes et de leurs sacrifices et de toutes les femmes qui ont été attachées à des tables de tortures et fouettées mais qui ont résisté.

Je viens de rencontrer quelques représentantes de femmes emprisonnées et nos chères sœurs qui sont d'anciennes prisonnières politiques. Elles ont résisté dans diverses prisons et salles de torture et continuent leur lutte aujourd'hui. On peut voir l'impact de leurs révélations et de leurs efforts dans tous les domaines et dans ces quelques portraits. Je dois dire que tout ce que nous avons aujourd'hui, y compris les poèmes et les romans, ainsi que des recherches éducatives ou scientifiques, ne représentent qu'une petite partie d'une histoire aussi longue que riche.

Cela montre que le peuple iranien et les désirs des femmes aujourd'hui pour la liberté et l'égalité contre la dictature, en particulier contre le régime du guide suprême, bénéficient d'un soutien long, riche et puissant. Cela montre comment la lutte de nos femmes a évolué pas à pas, au cours de toutes ces années, jusqu'à ce jour, où elles jouent un rôle central dans la résistance du peuple iranien pour la liberté.

Lorsque vous alignez ces portraits, ils transmettent un message : une telle endurance tournera définitivement la page de l'histoire et les Iraniennes renverseront la dictature régressive, médiévale, belliqueuse et terroriste des mollahs. L'avènement de la liberté du peuple iranien n'est pas loin.

Au cours de ces années, les Iraniennes ont toujours crié «A bas le régime du guide suprême » et « vive la liberté ». Oui, ce régime sera certainement renversé par des femmes progressistes comme vous et par une génération d'hommes émancipés, et avec le soutien des défenseurs de la liberté en Iran qui ne toléreront plus ce régime. Le jour du changement de régime est plus imminent que jamais.

Ce sera le jour où le peuple iranien et le peuple de la région seront libérés des griffes du régime belliqueux du guide suprême. C'est alors que la paix et la sécurité seront garanties dans le monde.

Exposition sur 150 ans de lutte des femmes en Iran

Women in Political Leadership Iranian Women against Islamic Fundamentalism

8 March

Iranian Women: 150 Years Struggle for Freedom and Equality

In 1907 Constitutional Revolution, for law and parliament
In the Nationalization of the Iran Oil Industry Movement in the early 1950s
In pioneering movements of the 1970s
In 1979 uprisings to overthrow the Shah
Exposing reactionary policies of Khomeini
In battle with the religious dictatorship
Resistance and heroism in torture chambers and in the face of firing squad and gallows
Active participation in the National Liberation Army of Iran
At the forefront of protests and uprisings against the clerical regime in Iran cities
Assuming responsibility in key positions in the organized Resistance.
In the Resistance Parliament with more than 50 percent of seats for women
Leadership of persistence in Ashraf and Liberty for 14 years
Women, the driving force for change; the main force to defeat the fundamentalists ruling Iran

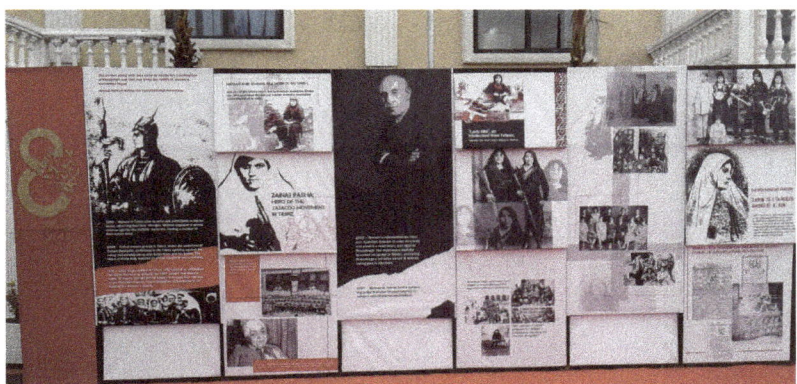

Les femmes dans la Révolution constitutionnelle : Zeinab Pacha, héroïne du mouvement du Tabac à Tabriz
Des exemples de publications de femmes durant la Révolution constitutionnelle et la formation d'associations féminines sous la dynastie des Qadjar, après la Révolution constitutionnelle et plus tard sous le Dr Mohammad Mossadegh.

Lutte, grèves et manifestations de femmes contre la dictature du chah. Libération des prisonniers politiques les plus célèbres après que la population ait brisé les portes des prisons : ici Achraf Radjavi et Massoumeh Chadmani (appelée aussi Mère Kabiri)

Parvin Etesami et Forough Farrokhzad, deux grandes poétesses iraniennes contemporaines

Quelques-unes des femmes d'avant-garde des Fedaï
exécutées par le régime du chah

1975 : Fatemeh Amini, membre de l'OMPI, tuée sous la torture par la Savak du chah. Au bout de cinq mois de torture, elle n'avait pas même donné son nom. Sa résistance est devenue légendaire.

23 November 1979 (Establishment of MEK Youth Groups)

Women show enormous support for MEK members following 1979 anti-monarchial revolution

Formation du mouvement de jeunes de l'OMPI auxquelles les jeunes filles adhèrent en masse après la révolution antimonarchique de 1979

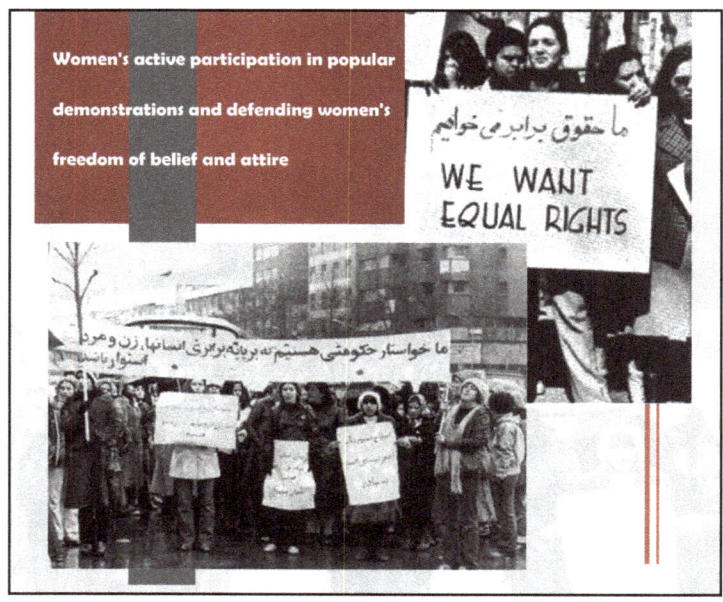

Vaste manifestation des femmes contre la répression des libertés et le voile imposé par le régime de Khomeiny peu après la révolution antimonarchique de 1979

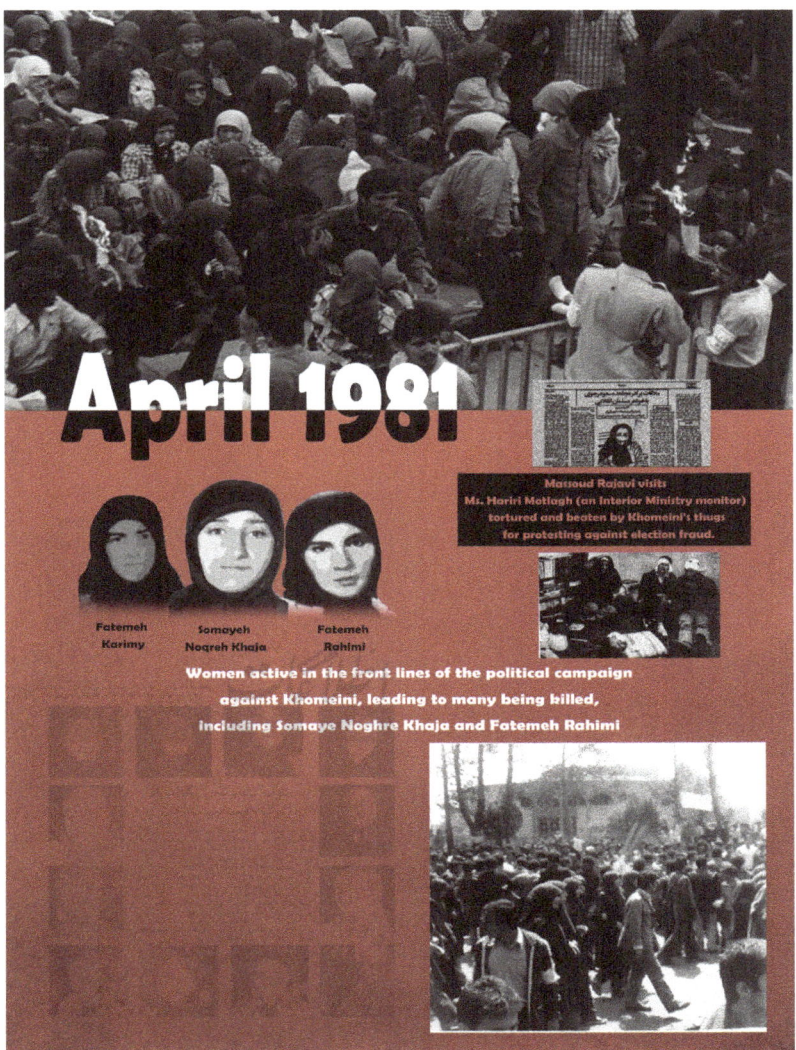

Les femmes en première ligne de la campagne politique contre Khomeiny : Somayeh Noghreh-Khaja et Fatemeh Rahimi tuées en mars 1981 par les matraqueurs du régime.

Manifestation pacifique d'un demi-million de Téhéranais contre Khomeiny le 20 juin 1981. Le pouvoir fait tirer sur la foule.

FEBRUARY 8, 1982

MEK LEADERSHIP SACRIFICING THEIR ALL AFTER FIGHTING IN THE FRONT LINES. MOUSA KHIABANI AND ASHRAF RAJAVI, ALONGSIDE OTHER MEK MEMBERS, KILLED BY KHOMEINI'S FORCES

Achraf Radjavi et d'autres femmes tuées avec elle et Moussa Khiabani le 8 février 1982, se sont battues et ont donné leur vie pour la liberté en première ligne contre les gardiens de la révolution de Khomeiny.

Les femmes en première ligne de la campagne politique contre Khomeiny : Des candidates se présentent aux législatives. Les femmes s'engagement activement dans les activités politiques et les manifestations contre les matraqueurs et la répression.

Exécution de mères âgées et de femmes enceintes. Arrestation, torture et exécution d'adolescentes en Iran.

Le régime des mollahs a arrêté, torturé et exécuté une multitude de femmes de l'OMPI et d'autres organisations après le 20 juin 1981. Exécution de Fatemeh Mesbah, 13 ans, et torture et exécution de Maryam Qodsi-Maab, 16 ans.

Des combattantes de l'Armée de libération nationale iranienne. Photographies de résistantes tuées lors de l'opération Lumière éternelle

Des combattantes de l'Armée de libération nationale iranienne à la manoeuvre

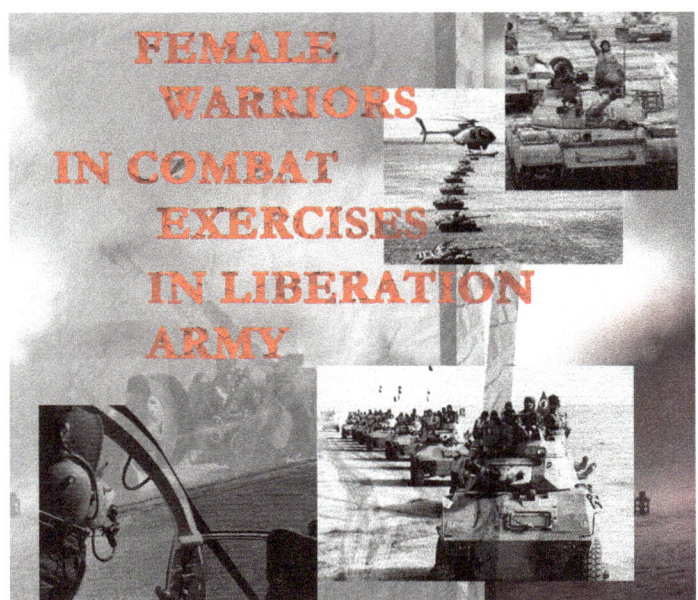

À gauche : Monireh Radjavi, Forouzan Abdipour, championne de l'équipe nationale féminine de volleyball, et Chekar Mohammadzadeh, infirmière. Elles ont été toutes les deux exécutées lors du massacre de 1988.

Le massacre des prisonniers politiques de 1988 est un crime contre l'humanité au cours duquel 30.000 détenus politiques, y compris des centaines de femmes, de l'OMPI et d'autres organisations ont été exécutés.

Zahra Rajabi, grande martyre des droits des réfugiés, assassinée en Turquie par des terroristes envoyés par le régime des mollahs depuis Téhéran.

Octobre 1994 - Marzieh, la diva de la chanson iranienne, chante sur les chars de l'armée de libération

Les femmes laissent éclater leur colère contre le régime des mollahs lors de l'insurrection de 2009 en Iran

La persévérance des femmes de l'OMPI lors de l'attaque des 29 et 30 juillet 2009 à Achraf

Huit femmes de l'OMPI ont été tuées dans l'attaque contre Achraf le 8 avril 2011

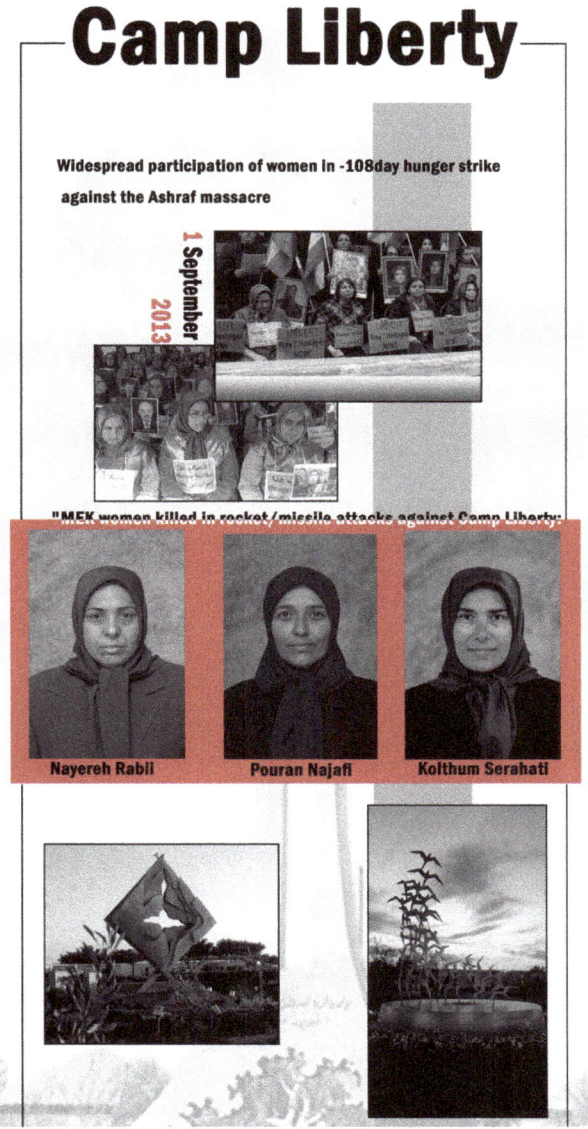

Trois femmes ont été tuées dans les attaques à la roquette sur le camp Liberty

Six héroïnes de l'OMPI tuées dans le massacre de 52 membres de l'OMPI le 1 septembre 2013 à Achraf par des mercenaires du régime iranien et de son homme de paille le premier ministre Maliki en Irak.

Ci-dessus : le corps de Tahereh Tolou, dite « commandante Sara », avec un poignard planté dans le cœur. Elle a été pendue par les pieds à un arbre en haut d'une falaise surplombant le col de Charzebar, été 1988. Ci-dessous : Jila Tolou, une des six héroïnes assassinées le 1 septembre 2013 dans le massacre d'Achraf.

Liste des noms et photos de plusieurs femmes de l'OMPI, des héroïnes qui ont donné leur vie pour la liberté du peuple d'Iran, dans une exposition sur 150 ans de lutte des femmes iraniennes

Annexe

N'abandonnez jamais vos rêves !

Message de solidarité de Françoise Héritier
« L'engagement pour la parité : les femmes unies contre l'intégrisme islamiste »
Conférence à Paris – 27 février 2016

Françoise Héritier : « Mon message en fait il sera simple : il est légitime que les femmes aient un statut égal à celui des hommes et une considération égale à celui des hommes. Mais on ne peut pas y parvenir sans lutter, sans combattre, sans y mettre du sien. C'est pour cela que l'éducation est extrêmement importante. Mais également, j'allais dire la prise de pouvoir, toutes les fois que la chose est possible, et c'est en ce sens que personnellement j'ai été séduite en fait par le travail mené par Mme Radjavi. Car j'ai eu conscience extrêmement tôt de la qualité de son combat et de la sincérité de son engagement pour la laïcité, la vraie, c'est-à-dire la séparation des églises et de l'État, mais également pour son engagement pour les femmes.

Et là où elle a innové, ou il me semble que c'est là le point essentiel - évidemment c'est dans un milieu particulier, je veux dire c'est un exemple pour les autres - c'est qu'elle a choisi de donner dans l'exercice du pouvoir, de donner les responsabilités aux femmes, alors qu'elles étaient traditionnellement dévolues aux hommes, les femmes étant de simples assistantes ou secrétaires etc. Elle a décidé de renverser la vapeur. Je ne dis pas que c'est possible partout, dans toutes les entreprises et dans tous les pays, mais c'est un exemple. Parce que si ça marche, et ça devrait marcher, parce qu'il n'y a pas de raison que les femmes soient incompétentes, c'est un exemple pour le reste de l'humanité.

Donc ça veut dire aussi comme message aux femmes : de ne pas obéir, j'allais dire à ce réflexe qui est inculqué- ce n'est pas un réflexe naturel - inculqué dès l'enfance, de dire : « ah ! Mais non jamais je n'y arriverai, ça c'est du domaine des hommes, non je préfère le leur laisser » etc... Il faut accepter de se lancer hardiment dans l'entreprise. Et c'est cette hardiesse que je recommanderai aux femmes d'aujourd'hui (...) »

Aux femmes de Liberty : « la fierté d'être ce qu'elles sont »

« Pour les femmes de Liberty j'aurais énormément de mal à parler à leur place ou à leur envoyer un message, parce que, encore une fois, quand on est bien à son aise dans un appartement parisien loin des conflits, loin des combats, loin des problèmes d'assurer la vie au quotidien, il est presque présomptueux de vouloir leur dire quelque chose. Parce qu'en fait, on a plutôt qu'à les écouter et à prendre exemple sur elles. Je pourrais simplement ajouter quelque chose, ce à quoi je crois beaucoup c'est à la fierté, c'est-à-dire que non seulement il faut avoir la hardiesse, qu'elles ont, et avoir toujours la fierté d'être ce qu'elles sont et de le faire connaître et de le faire savoir haut et fort, y compris à leurs bourreaux (...) »

« Pour les jeunes filles d'aujourd'hui, les jeunes filles et les jeunes femmes - je ne dis pas que pour les autres les jeux soient fait, elles peuvent toujours lutter – mais pour les jeunes filles qui sont pleines d'espoir et d'espérance et qui voudraient avoir une vie, non pas de rêve, mais la vie dont elle rêve- ce qui n'est pas exactement la même chose - je leur dis : n'abandonnez jamais vos rêves. Jamais ! »

« *Les murs d'Achraf* »

Message de Danielle Mitterrand à la conférence au siège de l'ONU sur
«La protection d'Achraf et les obligation de l'ONU » 21 septembre 2011

« Pendant l'occupation nazie en France, nous étions des milliers, jeunes opprimés, séquestrés et silencieux, qui rêvions notre avenir dans une Europe sans frontières où chacun se reconnaîtrait selon sa culture et sa langue, en attachement et fidélité au territoire qui l'a vu naître.

Certes, nous n'étions pas enfermés dans un camp, mais nous devions comme nos frères et sœurs d'Achraf vivre au jour le jour avec la peur que chaque jour soit le dernier. Nous étions alors des terroristes. C'est à cette période que j'ai compris que les murs les plus contraignants et les plus violents ne sont pas les murs de béton, de pierre ou de fer des prisons, mais ce qu'une dictature vous force à porter en vous-même, ces murs d'humiliation, de renoncement et d'épuisement ; ces murs qui vous privent jusqu'à votre identité.

On a inventé pour Achraf toutes sortes de nouveaux murs immatériels. Tout d'abord le mur de l'oubli, puis celui du mensonge, puis celui du silence, puis celui du blocus alimentaire et sanitaire. Enfin, le mur de décibels et puis le mur de l'écoute et du brouillage électronique.

Le progrès technique a toujours enflammé l'imagination des bourreaux. De l'autre côté de ces murs invisibles, la mort rôde en permanence autour du camp et parfois elle y pénètre avec une violence incroyable. Celle d'une chasse à l'homme où tous les coups sont permis ; tuer et laisser mourir ; abandonner des blessés et prélever les otages innocents et impuissants.

Quand le calme revient, il ne reste plus aux survivants qu'à pleurer leurs morts et les mettre en terre.

C'est ainsi que l'on croit pouvoir venir à bout de la résistance d'un peuple. Mais à Achraf, l'espoir revient vite car malgré les murs, chacun sait que cet espoir est partagé par des milliers de frères et de sœurs réfugiées à travers le monde : vous en êtes ici, chère Myriam Radjavi, la représentante.

Alors l'énergie revient avec le désir de vivre et le rêve d'un monde juste assurant la paix et la protection de chacun, et n'est-ce pas le thème de notre réunion aujourd'hui ?

Dans un camp, il ne s'agit pas de survivre pour soi, mais pour les autres. Les mamans, les mères ont la pratique quotidienne de ce sacrifice. Nous connaissons tous l'exemple magnifique que nous donne la petite Chagayé* dans sa lettre à Mme Pillay.

Et voilà ce qui distingue le bourreau de la victime, le geôlier de son prisonnier : les uns préparent l'avenir tandis que les autres détruisent le présent. Préparer l'avenir, chers et tendres amis d'Achraf, c'est le prix de votre sacrifice mais ce n'est pas le seul : il faut compter aussi avec l'exemple que vous donnez à tous les opprimés, et le message d'espoir écrit avec votre sang que vous adressez à l'humanité. »

Peur du voile

par Olivier Steiner -3 novembre 2015

Qu'on le veuille ou non, on a peur. Qu'on soit cultivé ou ignorant on a plus ou moins peur, car c'est toujours pareil, la même histoire toujours recommencée, peur de ce qui n'est pas comme soi.

On a peur de l'arabe, du rebeu, des banlieues, des caillera, de Daesh, du 11 septembre, du 11 janvier, du Mali, du Hezbollah, de la Syrie, du nucléaire, de la Charia, du grand Califat et des Guides spirituels, on mélange tout ça avec Rachid ou Farida qui vivent juste à côté, dans l'appart en-dessous, j'exagère beaucoup, oui, j'exagère à peine.

Tout dépend d'où on se place, où l'on vit, dans quelle ville, quel quartier, avec qui. Donc, le voile, aussi, on a peur. On a super peur. C'est quand même pas normal, pas très catholique tout ça, et notre laïcité, n'est-ce pas un danger pour notre laïcité chérie ?

Alors oui, madame Maryam Radjavi, Présidente de la Résistance Iranienne porte le voile… on a un mouvement de recul… Et en plus elle ne serre pas la main aux hommes ? Deuxième mouvement de recul… Qu'est-ce à dire ? Beaucoup de choses justement… car il y a deux sortes de voiles, et il ne s'agit pas de forme, de tissu ou de couleur.

Il y a le voile imposé, obligatoire sous peine de sanction,

de punition pouvant aller jusqu'au pire, et le voile librement porté, par choix, conviction personnelle, intime, pour des questions de confession personnelle. Maryam Radjavi porte le voile mais milite pour que les femmes iraniennes qui ne veulent pas le porter puissent le faire.

En Iran il y a eu des manifestations de femmes voilées contre le port du voile obligatoire, et elles ont été emprisonnées pour cela.

Le problème n'est pas le voile mais quel voile portes-tu? Dis-moi quel est ton voile. Madame Maryam Radjavi, de confession musulmane, milite pour la séparation des pouvoirs religieux et politique, elle est pour ce qu'on appelle chez nous la laïcité, l'égalité hommes / femmes, l'abolition de la peine de mort, l'abandon de la charia... Voici le voile qu'elle porte.

Ce voile ne me fait pas peur. Il m'est étranger mais cet étranger est d'abord un ailleurs, autre culture, richesse. Certes ma mère ou ma soeur ne portent pas le voile. Mais elles sont nées en France de culture judéo-chrétienne.

Madame Radjavi est née en Iran de culture musulmane. Ma mère et ma soeur fêtent Noël le 25 décembre, c'est pas plus dangereux que le voile porté par Maryam Radjavi et ses amies, c'est pareil.

Pour moi c'est pareil, ça devrait être pareil. Ayons moins peur, ne confondons pas les voiles. Moi j'ai envie de vivre dans un monde où il y ait plein de voiles de toutes les couleurs, et plein de mini jupes, que les femmes choisissent elles-même ce qu'elles ont envie de porter. Et puis une dernière chose : elle est belle notre laïcité française, mais ne pas la plaquer de force sur d'autres pays, civilisations, autres cultures.

Interdiction d'entrée
pour les femmes non voilées

Rohani : Je suis celui qui a interdit l'entrée des femmes non voilées

Extraits du livre de mémoires d'Hassan Rohani, président du régime iranien

Le voile obligatoire est un des moyens de base qui sert au régime iranien de réprimer les femmes. Il est à la base de bon nombre de lois répressives et des attaques vicieuses des forces de sécurité, des miliciens et des agents en civil contre les femmes éprises de liberté en Iran.

Le soi-disant président modéré des mollahs, Hassan Rohani, a récemment mentionné dans son autobiographie que l'un de ses exploits a été la mise en vigueur du voile obligatoire dès le lendemain de la révolution pour opprimer les iraniennes.

Le voile est l'un des sujets le plus débattus concernant les femmes dès le début de la révolution antimonarchique. Diverses personnes et parties avaient différents points de vue à ce sujet. À l'époque, sur proposition de Khamenei, Hassan Rohani a été envoyé à l'armée parce qu'il avait fait son service militaire. Le voile a été son premier défi. Le média gouvernemental « Afkar news » a rapporté les souvenirs de Rohani à ce sujet le 4 mai 2015 tirés du «centre documentaire de la révolution islamique ». En voici extrait :

En mars 1979, contraindre les femmes à se voiler n'a pas été facile, un sujet qui occupait l'esprit des autorités depuis longtemps. Les ministères et les cabinets ministériels ont repris leurs activités après le 11 février 1979, et les écoles ont rouvert aux premiers jours de mars. Un grand nombre d'employées et d'étudiantes venaient tête nue et les femmes voilées étaient une minorité. Les infirmières, les femmes médecins et professeurs allaient et venaient sur leurs lieux de travail sans foulard tout comme les passantes dans les rues. L'imam [Khomeiny] a souligné l'obligation pour les femmes de se voiler et ça a conduit à une manifestation de quelques femmes non voilées dans les rues, un sit-in devant le palais de justice et le bâtiment du Premier ministère. M. Taleghani [un dignitaire religieux progressiste] a réagi avec un discours disant qu'on ne pouvait forcer les femmes à se voiler et que c'était à elles de choisir. Le point de vue de M. Taleghani diffère des autres dignitaires sur cette question.

Les groupes politiques, comme les Moudjahidine du Peuple [OMPI] publiaient des communiqués s'opposant au voile obligatoire. En bref, comme je le disais : M. Taleghani a déclaré dans son discours que « nous ne pouvons pas obliger les femmes des grandes religions monothéistes à se voiler, mais nous les y encourageons ; de toute façon on ne doit pas forcer quelqu'un à se voiler. »

Nous avons décidé cependant à l'état-major l'armée de

déclarer le voile obligatoire pour les femmes afin d'en faire un tremplin vers les autres administrations et ministères.

Chargé de la mise en œuvre du plan du voile obligatoire dans les administrations reliées à l'armée, j'ai réuni tout le personnel féminin travaillant dans l'administration de l'état-major général interarmées, environ 30 femmes. J'ai discuté avec elles et je leur ai dit qu'elles devraient désormais travailler voilées. Exceptés deux ou trois qui portaient des foulards, toutes les femmes se sont mises à protester et râler, mais je suis resté ferme : le gardien avait reçu l'ordre d'empêcher les femmes non voilées d'entrer dans le périmètre de l'état-major général interarmées dès le lendemain.

Après l'état-major, ça a été le tour des trois branches de l'armée. D'abord, je suis allé à la garnison Dochan-Tappeh, et j'ai rassemblé toutes les employées dans une salle - et elles étaient nombreuses - pour leur parler du voile. Elles ont soulevé de sérieuses objections, mais je leur ai dit fermement : « C'est un ordre et aucun refus ne sera accepté. » Enfin, je leur ai dit aussi que nous avions ordonné au garde d'interdire l'entrée aux femmes non voilées. Pour finir, le port du voile obligatoire est devenu officiel avec la publication d'une circulaire.

Citation des mémoires d'Hassan Rohani, premier volume, centre de documentation de la révolution islamique,
1999, p 571